마음밭 성장을 위한°

푸드
아트테라피
FOOD ART THERAPY

———

백현옥 · 한수연 · 이선희 공저

光文閣
www.kwangmoonkag.co.kr

음식(Food)은 사람들에게 가장 친숙한 물질이 아닐까 생각한다. 특히 한국 사람들에게 음식은 '사랑'이고, '효'이며, '정'이라고 표현할 수 있다. 오죽하면 흔히 하는 인사들이 밥으로 귀결되기도 하니 말이다. 이런 음식을 활용한 '푸드아트테라피'는 사람이 자신의 생각과 감정을 거부감 없이 편안한 상태에서 자유롭게 표현하는 과정이라고 생각한다. 자신의 감정과 생각, 마음을 자유롭게 표현하는 장점으로 인해 누구에게나 적용 가능하고 편하게 활용할 수 있는 자연주의 상담 기법 중 하나라 할 수 있다.

사회적 동물인 사람은 다른 사람과의 관계 속에서 존재한다. 태어난 순간부터 가족, 또래, 학교, 직장 등 사회적 존재로서의 다른 사람들과 상호관계를 맺으며 그들과 더불어 세상을 살아가고 있다. 또한, 인간관계 속에서의 상호작용을 통해 여러 감정을 느끼며 지금-현재 자신의 감정을 담아 표현한 작품을 통해 자신의 마음을 들여다볼 수 있는 자기 성장이 가능한 상담 기법이기도 하다.

푸드아트테라피의 매체가 되는 음식은 자연에서 경험되고 습득된 것으로 사람의 삶을 이해하고 표현하는 데 좋은 매체이다. 따라서 푸드아트테라피는 심리치료의 가장 중요한 구성 요소인 매체에 대한 한계를 극복하고 내담자에게 쉽게 다가가는 것은 물론 상담사와 내담자가 함께 성장할 수 있는 상담 기법이다.

이 책은 학부에서 한 학기 동안 다루어질 푸드아트테라피의 교재로 활용할 수 있다. 또한, 푸드예술심리상담사를 양성하기 위한 수업 교재로 활용함은 물론 다양한 상담 현장에서 적용 가능하도록 기획되었다.

그동안 이정연 교수님을 비롯한 몇 분의 푸드아트테라피 교재가 소개되어 왔다. 이번 교재는 학교 수업 진행과 현장에서 직접 진행했던 자료들을 바탕으로 실제로 적용할 수 있는 효과적인 실습 및 활동자료로 활용할 수 있는 교재이다.

그동안 푸드아트테라피 수업과 푸드예술심리상담사 자격 연수를 진행하면서 활용 자료에 대한 아쉬움을 공감한 3명의 교수와 전문가들이 의견을 모아 집필을 맡았다.

이 책은 총 6부로 구성되어 있다.

제1부는 푸드아트테라피의 이해를 위한 단원으로 푸드아트테라피의 세계, 푸드아트 테라피의 생명 중심 사상의 강점으로 푸드아트테라피의 정의와 역사, 필요성, 철학적 배경, 생명 중심 사상 네 가지, 생명 중심 사상의 중요성, 상담 기법으로 이정연교수님 께서 집필한 내용을 그대로 옮겨 놓았다. 누가 설명을 해도 개발자인 이정연 교수님보 다 설명을 잘할 수 없다는 생각이 들었다. 제2부는 푸드아트테라피의 기초 영역으로 나 의 마음밭의 성장을 주제로 자기 이해, 자기 감정, 자기의 만남을 실제적 프로그램을 다 루었다. 제3부는 푸드아트테라피의 심화 영역으로 나의 마음밭의 성장을 주제로 타인 이해, 관계 속의 나의 사랑과 우리, 독서와 푸드아트테라피, 야외 푸드 코디와 이벤트 등을 제시하였다. 제4부는 푸드아트테라피를 활용한 프로그램으로 대상별, 주제별 푸 드아트테라피, 명상을 활용한 푸드아트테라피를 제시하였다. 제5부는 푸드아트테라피 를 활용한 상담 사례를 제시하였고, 제6부는 푸드예술심리상담사 자격 사항과 푸드아 트테라피의 전망, 부록, 본서를 집필하면서 상담에 사용한 푸드 매체 소개 및 실제 상담 적용 방법과 함께 매체를 활용한 다양한 기법을 소개하고 있다. 또한, 사회성 훈련과 자 기 효능감 향상을 목표로 한 실제 사례를 중심으로 구성한 푸드아트테라피를 적용한 프 로그램의 긍정적인 효과를 자세하게 담고 있으며, 상담 현장에서 바로 적용할 수 있도 록 구성하였다.

교재를 마무리하면서 안도감과 기쁨도 있지만, 아쉬움이 있다. 그동안 먼저 연구하고 귀한 자료들을 발간해 주신 분들께 감사와 송구한 마음을 밝히고 싶다. 저자들은 다년 간 상담 및 강의 그리고 학회 활동을 하면서 모았던 자료들을 활용하여 교재를 집필하 는 과정에서 허락 부분에 빠짐없이 점검하였으나 부족한 부분이 있다면 수정 보완해 나 갈 것이다. 특히 개발자이신 이정연 교수님의 자료를 참고한 부분을 다시 한번 책의 뒷 부분에 밝히는 것으로 대신하였다. 끝으로 이 책을 출판해 주신 광문각 박정태 대표님 과 박용대 실장님, 편집 과정에서 수고해 주신 관계자분들께 깊은 감사를 드린다.

2020년 5월
집필자 백현옥

CONTENTS

CONTENTS

1부

푸드아트테라피의 세계

모든 순간이 꽃봉오리인 것을
– 정현종 –

FOOD
ART THERAPY

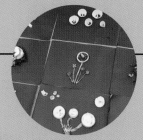

01

푸드아트테라피의 세계

맞이하기

맞이하기 단계에서의 효율적인 상담 기술은 상담자 자체의 편안한 자세와 태도, 생태학적인 감수성, 자연주의 테이블 세팅, 안전한 분위기 조성 등이며, 인위적으로 유도하지 않아도 내면의 감정과 생각으로 심리적인 위로와 마음의 안정감을 주는 '**만나서 반가워요!**'를 생각하며 맞이하기를 준비하였다.

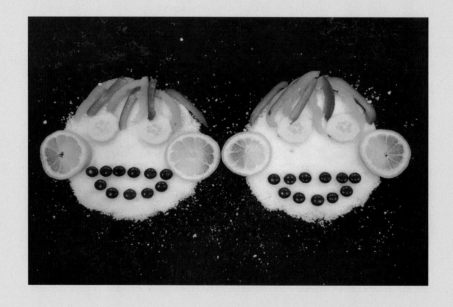

만나서 반가워요.
우리 마음밭을 함께 일구어 가요!

1.

현대 사회와 테라피

인간관계는 만남과 헤어짐을 반복하면서 사랑과 증오, 경쟁과 협업, 지배와 갈등과 복종 등 여러 가지 빛깔의 역동성을 지닌다. 그 안에서 흔히 발견되는 어두운 면이 갈등이다. 매일매일 인간관계를 잘한다는 것은 쉽지 않은 일이다. 온전하게 상대방의 의견에 귀 기울이고 전적으로 지지해 주면 누구나 좋아하겠지만, 나도 나의 의견을 말하고 싶고 나의 의견대로 하고 싶은 것이 당연하지 않을까 생각해본다.

'이런들 어떠하리! 저런들 어떠하리!'라는 생각으로 갈등을 피하지만 그러한 갈등은 다른 곳에서 다른 형태로 재반복 되고 있다. 우리 사회에 내 편, 네 편으로 갈라지게 되는 상황이 자주 형성이 되고 나의 의견에 동의하지 않은 사람과는 거리를 두게 되어 나도 모르게 함께하고 싶은 마음으로 상황이 싫어도 싫다는 내색을 못 하게 되고 나중에 다시 후회하게 된다.

심리 분야에서 자아정체감, 자기분화, 개성화와 같은 개념들은 독립적이고 성숙한 자아를 형성하는 데 핵심적인 개념들이다. 그러한 개념에 치중하다 보면 자아를 찾는 길은 타인과 다른 길로 생각하는 경우가 많다. 개인이 성장하는 데 있어서 주변 사람들의 관심과 노력이 늘 뒤따라 주었음을 생각한다면, 자기만의 세계란 실제로는 존재하지 않는 허상에 불과하다. 따라서 자기만의 내면세계가 별도로 존재하는 것도 아니요, 찾는다고 해서 찾아지는 것도 아니다. 자아는 찾아보려고 몰두할수록 보이지 않는 그림 찾기와 같다(이정연, 2006). 그렇다면 '나란 무엇인가?'라고 질문하기보다는 현재보다 더 나은 성숙한 상태를 지향하는 것이 더 현실적일 것이다. 현대 사회와 관련하여 테라피적인 매체들이 다양하게 발달하여 왔다.

감정의 흐름은 흘러가는 구름과 같다. 구름을 보고 있노라면 몇 초 만에 모양을 금세 바꾸곤 한다. 몇 초 만에 바뀌는 구름 모양의 변화는 나의 마음의 흐름과 똑같다.

하루 동안 온전히 나의 감정에 충실하고 머물 수 있는 시간은 얼마나 될까? 우리는 감정의 주인이 되려고 하지만 감정에 휘둘려 온전한 나의 감정에 머물지 못하고 있지는 않는지? 현대 과학이 급속도로 발전해도 여전히 인간은 정서적으로 취약한 상태에 있으며, 매번 반복되는 감정의 패턴을 또 후회하고 나를 채찍질을 하며 우울해 하기도 한다. 살아간다는 것은 여행일 수도 있고, 성공하고 싶은 프로젝트, 또는 지지 않고 반드시 이겨야만 하는 게임일 수 있다.

뜻대로 되지 않는 인생의 굴곡을 겪으면서 왜 나에게만 이런 일이 일어나는지, 남들은 행복한데 왜 나는 이렇게 힘든지, 최선을 다해도 왜 이렇게 나아지지 않는지 등의 하소연을 하고 싶을 때가 많고 자포자기 상태에서 무기력해지거나, 내가 원한 인생은 이게 아닌데 하면서 남을 원망하거나, 다른 일탈을 꿈꾸기도 한다.

바쁘게 살면서 나만 보고 나의 일에 묻혀 있다가 어느 순간 자신의 주변을 돌아보면 세상의 변해 가는 속도에 어지러울 정도이지만, 그렇다고 멈출 수도 없는 교차로에 서서 과연 내가 올바른 길로 가고 있는가, 어느 게 나의 목표인가, 이 길에서 얻는 것과 잃는 것은 무엇인가 하는 자책에서부터 사소한 감정의 물꼬를 어떻게 풀어나갈 것인가 하는 고민에 이르기까지 사하라사막의 모래알 수보다 많은 문제를 가지고 현대 사회의 어지러운 물결을 헤쳐나가고 있는 것이다.

이러한 시대적 상황을 반영하는 듯, 인간의 심리적 스트레스를 완화시켜 주는 문화가 만연하고 있다. 남녀노소 구분 없이 골치 아픈 것은 싫어하는 경향이 늘어나고, 유흥산업, 코미디 프로, 인터넷 사주팔자 등 머리를 쓰지 않고 즐거움을 주는 오락 프로가 늘어나고 있다.

각종 테라피가 번성하는 것도 이와 무관하지 않다. 현대 사회에 지친 영혼을 상대로 제품을 개발하고 장사하는 것이 하나의 트렌드로 자리 잡고 있으며, 테라피, 스파, 요가, 명상과 같은 단어가 이젠 생소하지 않게 받아들여진다. 현대 사회의 빠른 개발 속도에 비해 심리적인 치유와 회복은 더 많은 시간과 노력을 들여야 한다는 점이 우리가 당면한 문제의 모습이다. 수많은 테라피 중에서 음식 재료를 매개체로 놀이와 예술 활동을 하면서 심리치료하는 푸드아트테라피라는 생소한 영역에서 풀고 싶은 실타래를 함께 풀고, 동양의 지혜를 빌려 함께 마음을 나누는 자연 치유적인 길을 나누고자 한다(이정연, 2006).

현재가 어떠하든
있을 때 있음을 즐기고
없으면 없음을 즐긴다.
바쁘면 바쁨을 즐기고
한가하면 외로움을 즐긴다
사랑할 때는 사랑을 즐기고
헤어질 때는 헤어짐을 즐긴다

안개와 먹구름은 마음으로부터 나온 것
지금 누릴 수 있는 향기의
주인이 되기를
오는 길에도 가는 길에도
선한 이가 되기를.

– 이정연의 시 〈虛心從善〉 –

PART 2.

푸드아트테라피의
정의와 역사

푸드아트테라피(Food Art Therapy: FAT)는 식품을 매체로 하여 창의적인 놀이와 예술 활동을 통해 자신의 내면세계를 표현하고 긍정적인 사고로 전환, 확장해 가면서 몸과 마음을 살리는 테라피이다(이정연, 2012). 피카소는 "예술은 우리의 영혼을 일상의 먼지로부터 씻어준다."라고 하였다. 말로 표현할 수 없는 감정의 풍랑을 캔버스에 쏟아붓는 과정에 몰입하는 동안 현실의 압박을 어느 정도 벗어나게 해주는 기능을 하기 때문에 어쩌면 인류가 원시시대부터 예술에 의존해 왔는지도 모른다.

푸드아트테라피는 심신을 치유하는 하나의 대체 요법으로 개인의 성격, 성장 과정, 대인관계 등이 자연스럽게 표출되는 감성적인 통합예술치료의 한 장르로서 전인적인 자아 성장을 추구하는 새로운 시도이다(이정연, 2006). 푸드아트테라피는 일상생활에서 친숙한 음식 재료로 친근감 있고 안전한 느낌을 주는 장점이 있다. 또한, 정서적인 표현 매체로서 잠재적인 긴장이나 불안도 완화시켜 준다.

⚙ 개발자

푸드아트테라피(Food Art Therapy: FAT)는 상담학 분야에서 언어적 상담의 한계를 보완하는 대안적 기법의 개발 필요성이 제기되고 있던 가운데, 이정연 교수에 의해 2005년도에 개발되었다. 이정연은 자연주의 테라피 개발에 초점을 두고 일상생활에서 가장 친근한 식품을 매체로 하여 새로운 통합적인 장르를 개척하였다. 《푸드아트테라피》(2006)와 《푸드아트테라피 워크북》(2018)을 출간하여 푸드예술치료사 양성과 프로그램개발에 힘쓰고 있으며, 〈푸드아트테라피의 이해〉, 〈푸드아트테라피에서의 생명중심사상〉, 〈창의적인 감정 표현을 위한 푸드아트테라피〉, 〈푸드아트테라피에서의 효율적인 상담 기술에 관한 탐색적 연구〉 등의 논문을 발표하여 푸드아트테라피의 근간이 되는 이론과 기법들을 정교화하고 있다.

이정연은 한국푸드아트테라피학회 초대 회장을 역임하였다. 현재는 목포대학교 아동학과 교수로 재직하고 있으며, 한국상담학회 분과 부부·가족상담학회 회장을 역임하였다.

3.

푸드아트테라피의
필요성

푸드아트테라피는 음식이 주는 기본적인 일상생활의 필수품으로 배고픔의 욕구를 충족시켜 주며 한국인의 경우 기복신앙, 조상 숭배와 후손의 번영을 위한 상징적인 면에서 정기적인 의례도 중요한 요소로 수용하고 있으며, 더 나아가 음식이 보약이란 말을 단지 신체적인 면뿐만 아니라 심리적인 면으로까지 연장하여 생각하고자 한다. 한 솥밥을 먹으면서 정을 나누듯 음식은 친화력을 주는 효과를 가져오기도 하고, 자연스레 집단의 동질성, 소속감, 화합을 하기 위한 매개 역할도 빼놓을 수 없다. 푸드아트테라피는 상담에 대한 저항감이 많거나 상담을 거부하는 사람들에게 전문적인 예능 교육을 받지 않아도 작품을 구성하고 재구성을 하는 동안 욕구 충족과 긴장 이완을 가져와 문제를 가진 개인뿐만 아니라 일반인에게도 자아 성장의 효능을 가져올 수 있다. 작품을 구성하는 동안 나도 모르게 작품에 표현되어 있는 의미를 맞이하고 찾아 들어가는 동안 가시화된 증상이나 문제점을 새로운 관점에서 재구성하여 인지 정서 행동의 변화를 끌어낼 수 있는 진정한 테라피라고 할 수 있다. 그 자체가 놀이이며 표현 예술이며 오감이 연결된 마당극이라고 할 수 있다(이정연, 2006).

사람들이 모여 앉아 채소를 다듬는 과정을 생각해 보라. 지금처럼 가공식품이 발달하기 이전에는 어느 부엌이든 원재료를 다듬는 일이 하나의 과제였다. 식구가 많고 살림이 큰 집일수록, 넓은 마당에 둘러앉아 제철에 수확한 먹거리를 나르고, 분류하고, 다듬고, 저장하는 과정을 거치게 된다. 집안에 중요한 모임이나 행사가 있을 때에도 음식하느라 분주한 모습이 아이들에게 큰 구경거리였을 것이다. 이렇듯 음식은 사람을 모이게 한다. 콩을 까고, 무말랭이를 널고, 곶감을 말리고, 부침개를 부치면서 이런저런 이야기를 나누게 된다. 특별한 주제를 정한 것도 아니요, 정보 교환도 아니며, 그저 살아가는 이야기를 하면서 서로 의지하여 노동과 여가를 함께 즐기는 과정이 자연스레 펼쳐진다. 푸드아트테라피에서는 그러한 음식 준비 과정의 속성을 그대로 가지고 출발하므로 다른 테라피에 비해 서로 마음의 벽을 트고 활발하게 작업하는 장점이 있다고 본다(이정연, 2006).

식품을 매개체로 하는 치료 과정이 다른 예술치료 과정에 비해 더 자연스러운 것은 이 때문이며, 특별히 의도하지 않아도 집단의 결속력을 증진시키고, 대인관계가 개선되는 효과를 가져오게 된다. 밀가루 반죽을 하면서 가족이 모여 앉아 대화를 나누게 되는 계기가 된다면 가족 간에 군이 무리해서 비싼 외식을 하거나 외국여행을 계획할 필요는 없을 것이다.

그리고 작품은 그저 손끝에서 빚어진 물체가 아니다. 작품에는 만든 사람의 인생이 반영되어 있고, 개인의 생각과 감정이 투영되어 있으며, 나아가서는 인류의 문화가 상징적으로 배어 있다. 특히 재료를 미술 물감과 같은 인공 재료가 아니라 식품으로 사용한 경우에는 인간의 생활과 더 직접적으로 연결되어 있기 때문에, 즉각적으로 이야기로 표출되는 장점이 있다. 나이든 사람일수록 음식과 관련된 스토리가 많아지게 된다. 예를 들어 소금 언덕을 만들어 보는 작업을 노인들이 열심히 몰입하고, 예전에 살던 마을에 대해 구체적으로 회상하고 설명하는 사례를 보게 될 때 그러한 확신을 더 하게 된다.

또 다른 사례로 신경정신과 치료와 미술치료, 놀이치료 회기에서는 치료자의 말을 거의 들으려고 하지 않고 문고리에 매달려 장난만 치던 한 아동이 라면으로 벽화 만들기 작업에 흥미를 느끼고 가족 이야기를 해나가기 시작하던 일이 있었다. 처음에 어떻게 풀려나가는지는 상담의 전체 과정에 상당한 영향을 준다고 본다면, 푸드아트테라피는 다른 치료에 비해 내담자가 방어나 경계심을 갖지 않고 치료에 들어서게 하는 쉬운 방편이 될 수 있을 것이다.

4.

푸드아트테라피의
철학적 배경

　대부분의 심리치료는 내담자 자신과 세계에 대한 주관적인 관점을 변화시키려는 인지적 관점을 내포하고 있다. 대체로 행동주의적 치료에서는 통찰이나 인식이 없이도 특정 문제와 관련된 상호작용적 일련의 과정에 참여하고 개입함으로써 행동 변화가 일어날 수 있다고 강조하지만, 인지적인 변화가 없는 치료적 변화는 표면적인 변화에 불과하고 재발의 가능성이 높다. 푸드아트테라피에서는 일상생활에서의 잘못된 신념을 다루면서도 전체적인 관계 차원에서의 인식론으로부터 출발한다. 그리고 거시적인 차원에서의 인지적 통찰과 직관적인 경험이 미시적인 차원에서의 부적응이나 갈등을 해결하도록 이끌어 간다는 전제가 깔려 있다. 푸드아트테라피는 무엇이 문제인가, 문제를 어떻게 타협하고 해결해야 하는가에 즉시 개입하여 해결책을 찾는 것보다는 나 자신이 문제를 어떻게 규정하고 있는가에 더 초점을 둔다. 내가 규정한 문제는 바로 나 자신의 존재 상태를 반영한다고 보기 때문에, 오히려 문제 그 자체보다는 나 자신을 인식하고 마음의 평정을 찾도록 하는 데 초점을 둔다. 그러한 방식은 동양적 세계관과 유심론 그리고 사회구성주의 등을 바탕으로 한다(이정연, 2006).

⊕ 동양적 세계관

　동양사상은 현대 사회가 직면한 환경 생태계 위기의 문제와 관련된 해결책으로 제시되기도 한다. 박이문(1997: 7, 재인용)은 이원론적인 형이상학과 인간 중심적인 가치관으로 규정할 수 있는 서양적 세계관에서 벗어나 자연 중심의 동양적·생태학적 세계관으로의 전환을 강조한다. 동양의 전통사상에 대한 공통적 이해는 다음과 같이 몇 가지로 요약해 볼 수 있다(김세정, 2006: 155, 재인용).

첫째, 동양의 전통사상은 기계적이며 정태적인 세계관이 아닌 '역동적이며 유기적인 세계관'이다. 둘째, 인간 중심적인 가치관이 아니라 '자연 중심적인 가치관'이다. 셋째, 우주만물을 개별적 존재로 파악하지 않고 '연속적 존재'로 파악한다. 넷째, 갈등하고 대립하는 배타적 관계가 아닌 '포용적·협동적·조화적 관계'를 중시한다. 다섯째, 합리적 이성주의보다는 '감성적·내면적·직관적 체험'을 중시한다.

동양의 세계관은 '유기적'인 연속성과 조화를 큰 줄기로 하여 근본을 잃지 않는다. 모든 사물과 사건은 상호 연결되어 있으며, 별개의 것으로 보이는 삼라만상이 하나로 진리의 여러 표상임을 전제로 한다.

1. 전일성

동양사상의 핵심은 유교, 도교, 불교 모두 '조화', '부분보다는 전체', '사물들의 상호 연관성'이라는 공통 관심사를 가지고 있다. 세 철학에 공통적으로 존재하는 '전일성(holism)'은 우주의 모든 요소들이 서로 관련되어 있다는 믿음에 기초하고 있다.

전일성이라는 개념은 공명(resonance) 현상을 떠올리면 쉽게 이해할 수 있다. 현악기의 한 줄을 건드리면 공명에 의해 다른 줄이 울게 되듯이 인간, 하늘, 땅은 서로에게 이런 공명을 일으킨다(최인철 역, 2006: 43). 생태학적인 순환에 기초하여 우주만물이 한 몸이라는 사고는 나와 타인, 인간과 다른 생명체, 나아가서는 인간과 사물 간의 상호 침투적인 교감을 인정하는 것이다. 심리치료 분야에서는 동양적 관점을 부분적으로 인정하거나 수용하는 경향이 늘고 있으며, 그 대표적인 예는 칼 융이다. 융은 동시성 이론을 전개하면서 선행된 관념으로 도와 주역의 사상을 지적하고(이부영, 2005: 318), 노자의 《도덕경》에 나오는 여러 구절을 인용하면서 도의 본체를 설명하고 결론적으로 도는 전일성 그 자체임을 주장하였다(이부영, 1981: 223-241, 재인용).

어느 한 부분만을 위해서 인위적인 변화를 조장하는 것은 또 다른 부작용을 낳을 수 있으므로, 동양의 사상과 종교에서는 대체로 무위(無爲)의 상태를 바람직하게 보고, 전체적인 차원에서의 많은 구성원 간의 조화를 바라보는 시각을 잃지 않는다.

도교, 유교, 불교 모두 공통적으로 조화를 중시하나, 도가사상에서는 天和, 人和, 心和 등을 현실 세계에서의 운영 원리로 강조하며(진고응, 1996, 재인용), 장자는 전체와의 조화를 자연의 이치나 규범으로 규정하는 데 그치지 않고 심미적인 차원으로 끌어올려 조화의 아름다움을 발견한다. 진고응(1996)의 해석에 의하면, '마음의 조화'는 일종의 예술적 경지이자 일종의 심미적인 경지이다. 장지는 이러한 주관적인 경지와 객관적인 영역을 마음이 자유롭게 노닒(游心)이라 한다. 노닒이란 심미적인 심리 활동이다. 장자는 이를 "궁극적인 아름다움을 얻어서 궁극적인 즐거움에서 노닐다(得至美而游哗至樂)"라고 멋있게 표현한다(〈田子万〉편).

2. 상호 연관성

동양적 관점에서는 인간은 자연의 일부로서, 자신을 둘러싼 환경과의 끊임없는 교류 속에서 성장하며, 내부에 고정된 자아가 있는 게 아니라 상황 속에서 형성된다고 본다. 즉 자아는 그 자체로는 존재하지 않으며, 다른 사물과의 관계 속에서 형성되는 것이다. 자아를 강조하는 서양적 관점과는 근본적으로 대조를 이룬다. 불교는 자신을 포함한 모든 존재를 관계 속에서 파악한다. 따라서 불교는 자신을 어떤 고정된 실체로 보지 않는다. 이것을 불교식으로 말하자면 연기의 진리라고 할 수 있을 것이다. 여기에서 다시 드러나는 것이 불교의 자기 개방성이다. 모든 존재를 관계 속에서 파악하는 것은 모든 존재에게 자기를 열어 놓는 것이다(불교교재편찬위원회, 1997: 408).

힌두교, 불교, 도교 등에 나타난 동양의 생태학적 세계관은 상대성 이론과 양자역학으로 대표되는 현대 물리학의 흐름과도 맥을 같이 한다. 통일장 이론을 연구하는 이론물리학자들은 우주의 모든 물리적 실체의 근본이 되는 하나의 힘이 존재할 것이라는 생각을 하고 있다.

20세기의 저명한 물리학자인 닐스 보어(Nils Bohr)는 양자역학에서 자신이 이룬 업적은 동양사상을 물리학에 접목시킨 덕분이라고 주장한다(최인철 역, 2006: 228, 재인용). 양자역학은 미시세계에서는 물체의 상태를 정확히 알 수 없다는 불확정성 원리를 전제로 한다. 역학에서는 물질의 근원적인 속성을 입자와 파동으로 설명하며, 엄밀히 말하자면 입자와 파동 간의 '관계'라고 정의한다.

물리학에서의 상대성 이론과 유사한 것으로 불교에서는 인식 대상인 사물과 생명체들의 생성 및 변화에 관한 이론으로서 대표되는 것은 연기론이 있다(소광섭, 1999: 109, 재인용). 연기론은 모든 사물과 현상의 절대성을 부정하고, 어떤 사물이든 그것 자체의 고유한 성질이란 있을 수 없으며 다른 사물과의 관계 내에서 상대적으로 존재한다는 존재의 상대성을 강조한다.

🔘 유심론

'일체유심조(一切唯心造)'란 말이 있듯이, 주관적인 행복은 외적인 조건에 결정되는 것이 아니라, 내적 충만감에 의해 도달된다.

인간은 존재의 유한성과 허무를 인식하면서도 자신의 존재 가치와 힘을 발견하고 스스로 치유하는 능력을 지니고 있다. 종교의 교리 간에 차이점이 있지만, 공통된 부분 중 하나는 행복과 불행은 외적 조건에 의해 결정되는 것이 아니라, 내가 마음먹기에 달렸다는 의지를 강조하는 점이다. 심신의학 연구소의 벤슨 박사는 마음은 몸이 가지는 자기 치유의 힘을 극대로 끌어올려서 건강한 상태를 유지할 수 있도록 도와준다고 본다(장현갑 외 공역, 2003: 111-112, 재인용).

최근에는 마음의 활동을 과학적으로 입증하여 임상에 활용하는 의학연구소와 병원이 늘면서 마음이 몸을 지배한다는 것이 일반화되고 있다. 외적인 자극에 의한 행복은 오래 지속되지 못하여, 아무리 좋은 음식과 영양, 운동을 한다 해도 평온한 마음 자세를 지니지 못하면 그 효과가 제자리로 되돌아온다는 것이다.

푸드아트테라피에서는 병의 근원은 신체 그 자체가 아니라 마음에 있으며, 그영적인 인식은 신체의 면역 능력을 길러준다는 대체의학적 근거를 바탕으로, 마음을 조절하는 데 우선순위를 둔다. 구체적으로는 불이(不二), 무위(無爲), 조화, 부쟁(不爭), 상생(相生) 등의 동양사상의 개념들을 기초로 하여, 우리는 이미 많은 자원을 가지고 있다는 인식, 주어진 여건이나 한계도 생각하기에 따라 더 유익한 도전이 될 수 있다는 유연한 사고, 부정적인 면을 제거하기보다는 긍정적인 면을 더 많이 발견하여 부정적인 면의 비중을 줄이는 방법 등을 적용하며, 자아 찾기에서 한 단계 더 나아가 자신을 우주적 존재로 인식하고 자신의 주관이 빚어낸 모순과 대립을 극복하여 대긍정을 자각하는 통찰의 단계로 이끌어간다.

최상의 행복감과 완성감을 느끼는 순간에서 기본적으로 나타나는 인지적 현상들을 Maslow는 절정 경험이라고 불렀다. 절정 경험은 개인의 인생에서 깊은 몰입과 황홀감을 수반하는 고양된 만족과 환희의 체험을 의미한다. 이 절정 경험에서 인간은 전치된 의식 상태를 경험하게 되는데, 이것은 일시적일지라도 현실적인 생각에서 벗어나 자기 존재의 가치를 인정하게 되는 순간이다.

이러한 경험은 자기실현을 가능케 하며, '나' 자신을 받아들이고 사랑하고, 내면의 갈등이나 불안으로부터 자유로울 수 있고, 체내에 있는 유기적 에너지를 보다 생산적으로 이용할 수 있게 해준다(정현주 외, 2006: 51, 재인용).

이와 같이 인간의 욕구에 대한 위계를 연구한 것으로 유명한 Maslow는 심리학 분야에서 초개인 심리학이라는 제4 세력을 형성하였다. 초개인 심리학은 궁극적인 가치, 통합 의식, 절정 경험, 황홀감, 외경, 자아실현, 영혼, 우주적 인식… 그리고 이에 관련된 개념, 경험 및 활동 등에 특히 관심을 가진다. 서양에서도 초개인적 심리학자들은 동양심리학을 연구하고 도입하는 데 개방적이었고, Maslow 자신도 동양의 문헌을 폭넓게 탐독하였으며, 건강성에 관한 새로운 개념을 개발하여 약간의 동양 심리학을 자신의 사상에 맞게 동화시켰다(정옥분, 2003: 544 재인용).

Maslow의 절정 경험은 우리가 흔히 최고의 경지로 표현하는 무아지경과 다르지 않다. 내가 나이면서 내가 아니어도 좋은 상태를 우리는 순간적으로 경험할 수 있다.

동양 문화권에서는 선(禪) 수행 과정에서 알 수 있듯이 깨달음의 순간, 개인의 개성이나 존재 가치 등은 오히려 망각되고, 사물이나 진리 등과 동일시되는 일체감을 경험한다. 만다라를 수행의 방법으로 삼은 석도열(2000: 71)은 만다라를 매개로 하여 인간과 신이 서로를 무화(無化)시키고 진정한 하나가 되는 체험을 한다고 주장한다. '나'는 '그' 속에 '그'는 '내' 속에 일체가 되어 신과의 합일을 경험하는 것이다. 칼 융도 불교의 한 유형인 선(禪)의 중요성을 인식하고 "깨달음이란 '自我'로 한정된 의식이 '無我一自己'로 발전하는 것이다. 이런 관점은 禪의 본질과도 일치한다."라고 언급하였다(최정윤 · 이재갑 역, 2004).

푸드아트테라피는 작품 활동을 하면서 심리적 · 미적 · 영적 절정 경험을 통해 무아의 경지에 도달하고 그러한 즐거움을 공동체 구성원들과 함께 나누는 과정으로 인도한다. 자신을 잊고 빠져드는 몰입의 과정을 통해 오히려 우주와 자연의 리듬을 회복하고 생산적인 에너지를 재충전 받음으로써 눈앞의 작은 문제에 사로잡히거나 갇히는 일이 줄어들고 건강하고 활기차게 생활하도록 돕는다(이정연, 2006: 43).

🞛 사회구성주의

카프라(1975, 1983)에 의하면, 물질을 뚫고 들어가 보면 볼수록 자연은 어떤 독립된 기본적인 구성체를 보여 주지 않고, 오히려 전체의 여러 부분들 사이에 있는 복잡한 그물의 관계로 나타나며, 이러한 관계들은 언제나 그 본질적인 면에서 관찰자를 포함한다는 것이다(이성범 · 김용정 역, 2002: 84).

관찰자와 관찰된 현상과의 관계를 고려하지 않고 실체를 파악할 수 없다는 현대 물리학의 흐름은 사회구성주의의 과학적 토대가 된다. 그리고 전일성과 상호 연관성을 전제로 하는 동양적 세계관은 심리치료에 있어서 사회구성주의로의 전환점을 용이하게 한다. 현실이란 사람들이 세상을 어떻게 지각하느냐에 따라 만들어지는 것이며, 절대적이고 영구불변하는 진리는 없다고 보는 관점에서 사회구성주의는 치료자와 내담자 간의 협력 관계를 통해 의미 재구성을 해나가는 과정을 중요시한다(이정연, 2006: 45).

인간의 행위란 사회적인 구성 작업과 대화를 통해서 만들어진 현실 속에서 의미가 부여된다. '무엇이 사실인가'에서 '어떻게 바라보는가'의 관점의 문제로 대치된다. 과거의 부정적인 경험 때문에 대인관계에 부적응을 가져온다고 보는 분석 대신 경험에 대한 주관적인 분석에 갇혀 있는 것으로부터 나올 수 있도록 관점을 재구성하는 것이다.

치료 과정은 만들어진 틀에 맞추는 것이 아닌, 내담자를 알아 간다는 자세로, 문제에 관한 대화를 하면서 언어를 매체로 하여 함께 새로운 의미를 구성해 나가도록 한다. 내담자와 치료자 간의 관계를 강조하고, 내담자의 강점과 자원을 부각시키며, 낙관적이고 미래 지향적인 입장을 취한다(김유숙 역, 2004).

많은 치료자들은 고정관념의 틀을 변화시키는 훈련을 권유한다. 그러나 고정관념의 틀을 깨는 것만이 상담의 목적인가? 파괴를 위한 파괴는 아무 도움이 되지 못한다. 사람은 쉽게 변하지 않으며, 함께 사는 배우자를 변화시킨다는 것은 더더욱 어렵다.

열린 마음으로 세상과 만나는 것이 중요하다. 이전의 사실도 부분적으로 진실이었고 지금의 사실도 부분적으로 진실일 수 있다. 진실이 여러 가지일 수 있다면 모순으로 들리겠지만, 일상생활에서 우리는 모순된 진리와 모순된 조화를 흔히 접하게 된다. 고정 틀에 갇히지 않은 사람이야말로 많은 것을 볼 수 있고, 보이게 할 수 있다(이정연, 2006: 45).

푸드아트테라피는 사회구성주의의 개방적이고 비구조화된 방식을 취하되, 자아 중심적으로 사물을 인식하는 주관성에서 벗어나 내담자와 치료자가 함께 인지적 지평을 보다 긍정적으로 확장해 가고, 언어로 표현할 수 없는 직관적인 감성 체험을 통하여 치료 효과를 극대화한다(이정연, 2006: 45).

CHAPTER

02

푸드아트테라피의 생명 중심 사상과 강점

맞이하기

맞이하기 단계에서의 효율적인 상담 기술은 상담자 자체의 편안한 자세와 태도, 생태학적인 감수성, 자연주의 테이블 세팅, 안전한 분위기 조성 등이며, 인위적으로 유도하지 않아도 내면의 감정과 생각으로 심리적인 위로와 마음의 안정감을 주는 '**생명 탄생!**'을 생각하며 맞이하기를 준비하였다.

나의 생명 탄생이 축복임을 기억해 볼까요?
지금 여기에 존재하고 있음에 감사해 보아요.

PART 1

푸드아트테라피의
생명 중심 사상 네 가지

푸드아트테라피는 생명 중심적 관점을 지닌다. 우주적인 관점을 지향하며 인간과 인간, 인간과 생태계와의 관계성 회복과 중용의 덕을 강조한다. 이정연(2012)은 생명 중심적인 관점을 지닌 푸드아트테라피는 인간과 인간, 인간과 생태계와의 관계성을 회복하고 더불어 살아가기 위하여 푸드아트테라피의 네가지 핵심 개념으로 생명 존중, 생명 사랑, 생명 살림, 생명 지킴을 제시하였다.

생명 중심 사상의 핵심 개념

첫째, '생명 존중'의 개념이다. '생명 존중'은 모든 생명체가 지닌 보편성을 근거로 하며 모든 생명체를 있는 그대로 맞이하고 받아들이는 '인간 대접'을 의미한다.

둘째, '생명 사랑'의 개념이다. '생명 사랑'은 모든 생명체에게 온정적인 관심을 가지고 동질적인 유대감을 가지며 정성으로 대하는 '인심 쓰기'를 의미한다.

셋째, '생명 살림'의 개념이다. '생명 살림'은 우선적으로 생명체를 살려내는 데 초점을 두고, 생명체의 기(氣)가 원활하게 운행되도록 지지하는 '기 살리기'를 의미한다.

넷째, '생명 지킴'의 개념이다. '생명 지킴'은 생태계의 파괴를 방지하고 보호하며 일상생활에서 서로 살피는 '나눔과 챙김'을 의미한다.

1. 생명 존중

모든 생명체는 신성한 존재로 명예롭고 존귀하다. 즉 살아 있는 모든 것은 귀하고 가치 있는 존재이다. 생명 존중은 모든 생명체가 지닌 존엄성에 대한 믿음에서 나오며 도덕성의 기본이 된다. 푸드아트테라피에서의 생명 존중은 생명 존중의 보편성을 근거로 하여 모든 생명체를 귀중하게 맞이하고, 있는 그대로 받아들이는 '인간 대접'을 의미한다. 이는 Rogers가 창시한 인간 중심 상담의 '인간을 존재 그 자체로서 존중하는 것'과 같은 개념으로 우리 민족에겐 이미 고대로부터 내려온 사상이기도 하다.

푸드아트테라피는 동양사상과 문화를 토대로 하고 있어 동양사상과 문화를 알면 그 기본이 되는 생명 존중에 대한 깊이를 이해할 수 있다. 도가의 무위자연(無爲自然) 사상은 생명을 존중하고 인간의 근원적인 도(道)의 개념에 대하여 설명하며 자연과 생명 존중에 대한 분명한 가르침을 담고 있다. 노자와 장자는 인간과 자연, 인간과 인간 사이의 의사소통을 말하고 있다. 이는 무조건 자연 속에서 살아가는 인간이 아니라 자연과 인간 사이의 의사소통을 말하며 자연 속에서 인간과 문명과의 만남과 소통을 의미한다. 근원적 도(道)는 만물을 낳았으며 만물 속에 내재하여 우주의 도(道)를 실현시키는 절대적 존재자로 운행되고 있다는 것이다(한림문화, 2007, 재인용).

우리 민족의 생명 존중 사상은 인간과 자연의 조화를 기본으로 하며 천(天), 지(地), 인(人)이 조화를 이루어 온 누리를 온전하게 하고자 한다(이안태, 2007, 재인용). 단군신화의 홍익인간 이념은 "널리 인간 세계를 이롭게 한다."라는 뜻으로 인간의 삶을 복되게 하겠다는 생명 존중과 인본주의의 가치를 전한다. 우리는 이러한 사상과 가치를 바탕으로 생명의 터전인 자연을 올바르게 보전하여 인간과 자연과의 올바른 관계를 형성하고 유지해 나가야 한다.

고려 중기의 승려인 보우(普雨)는 '천즉인(天卽人), 인즉천(人卽天)'을 통해 그 시대 사람들에게 생명 존중의 고귀함을 일깨워 주었다. 즉 "하늘이 곧 사람이요, 사람이 곧 하늘이다."라는 말을 통해 인간은 불성을 가지고 있어 스스로 깨치기만 하면 석가모니와 다를 바 없다고 가르친다. 인간을 모든 것의 근본으로 삼고 인간 본성의 존귀함을 보여준 것이다. 동학의 인내천(人乃天) 사상은 '사람이 곧 하늘이다'는 의미로 인간 본성에 영원한 존귀성이 있고, 동시에 사람의 마음속에 하늘과 같은 고귀성이 있다고 전한다.

이러한 귀한 생명 존중의 사상이 푸드아트테라피의 기본 바탕에 내재되어 있으며, 그 가치 실현을 위해 더욱 발전해 갈 것이다.

2. 생명 사랑

푸드아트테라피에서의 생명 사랑은 모든 생명체에게 온정적 관심을 가지고, 동질적인 유대감을 가지며 마음을 열고 겸손하게 정성으로 대하는 '인심 쓰기'를 의미한다. 푸드아트테라피에서 만나는 대상자에게 '인심 쓰기' 하는 것은 좁은 의미의 생명 사랑이고, 넓은 의미의 생명 사랑은 자연 생태계를 사랑하는 것이다.

많은 생명체는 자연의 생태계 속에서 생명 사랑을 이어간다. 자연에서 나서 자연에 의지하여 살다가 또다시 자연으로 돌아간다. 그런 삶의 연결망 속에서 오랜 시간에 걸쳐 생명의 그물을 짜게 되며 그것은 우리가 생각하는 것보다 훨씬 복잡하고 거대하다. 자칫 잘못 건드릴 경우 그 영향이 어떻게 나타날지 예측할 수 없다.

인간의 안목이 짧아 자연 생태계를 대책 없이 훼손한 결과 빚어진 엄청난 재앙은 우리의 생명을 위협할 정도이다. 이제 우리는 생명의 그물을 오롯이 지켜가야 하는 과제를 안고 있으며 그것이 온전한 생명 사랑이다. 하나뿐인 지구는 우리의 삶의 터전이고, 환경이 곧 생명이다. 생명의 그물을 제대로 지켜가는 것이 우리 자신을 지키는 길이기도 하다. 알면 사랑하게 되고, 사랑하면 지키게 된다.

동물행동학의 권위자 제인 구달 박사는 그의 저서 《The ten trusts》에서 '생명 사랑 십계명'을 전하고 있다. 그녀는 위 책의 서문에서 "아름다운 지구를 구하는 생명 사랑의 실천"이라는 글로 시작하여 10계명을 안내하며, 마지막으로 "다 알고 나서도 침묵할 것인가?"라고 우회적인 표현으로 강력히 호소하고 있다. 동물이건 식물이건 살아 있는 생명체를 사랑하는 것, 범 우주적 생명 사랑은 우리가 다 같이 잘 살아갈 수 있는 지름길이며 실천 과제이다 (조주영, 2016). 푸드아트테라피에는 이러한 고귀한 생명 사랑의 가치와 철학이 고스란히 담겨 있다.

3. 생명 살림

푸드아트테라피에서의 생명 살림은 우선적으로 생명체를 살려내는 데 초점을 두고 생명체의 기(氣)가 원활하게 운행되도록 격려하고 지지하는 '기(氣) 살리기'를 의미한다. 시든 깻잎을 찬물에 담가 두면 얼마 지나지 않아 생생하게 되살아나듯이 기운이 떨어진 생명체에 필요한 기운을 북돋우어 줌으로써 원활한 기의 운행을 돕는다.

전문적 상담 조력 외에도 약선 푸드를 지친 개인의 불균형 상태에 맞추어 제공할 경우 인체의 불균형을 선상한 몸으로 회복하는데 기여함으로써 궁극적으로 기 살리기가 가능하다. 예를 들어 일시적으로 지치고 기운이 처지는 느낌이 들 때 달콤한 음식을 먹는 것만으로도 금세 기분이 나아질 수 있다. 상황과 여건에 맞게 푸드를 활용하여 생명체의 기운을 살려낼 수 있다.

마치 할머니들이 손주가 기력이 저하되고 어딘가 불편할 경우 경험적 지혜를 발휘하여 정성을 들이고 사랑을 담아 음식을 준비하여 기운을 북돋우어 주듯이 여건이 되면 약선 푸드를 직접적으로 활용하여 생명체의 기를 살려 줄 수 있다. 전통 의학에서는 인체를 하나의 정밀한 유기체로 인식하고 병이 나면 몸의 자연치유력 회복을 중요시한다. 생명체의 기를 살려주면 생명체는 그 기운에 따라 생명력을 복원하고 발휘하여 그 기운이 선순환된다.

더 나아가 대자연의 섭리를 인식하고 자연이 살아가는 방식대로 자연과 함께 살아가는 것을 배워 본질을 회복하고 기운차게 살아갈 수 있다. 최근 (사)한민족생활문화연구회는 생명 살림 포럼을 개최하고, 각 지역마다 1,000명의 생명 살림공동체를 꾸린 뒤 생명 살림운동을 펼치고 있다. 그 일환으로 거짓 의학과 거짓 음식에 맞서 수만 년 쌓아온 조상들의 지혜를 복원하려는 움직임이 시작된 것이다. 이런 운동도 푸드아트테라피에서 추구하는 넓은 의미의 생명 살림과 부합되는 내용이다(조주영, 2016).

4. 생명 지킴

생명 지킴은 생태주의 관점에서 생태계의 오염이나 파괴를 방지하고 보호하며 일상생활에서 서로 살피고 보살피는 '나눔과 챙김'을 의미한다. 생명 지킴은 단순히 생명체 자체를 지키는 것을 넘어 생태계의 파괴를 일으키는 사회 구조나 인간의 정신과 가치관을 건강하게 지켜 가는 것까지 포함한다.

혹여 자신을 잘 지켜 가지 못하는 생명체에겐 '나눔과 챙김'을 통해 그 생명체를 잘 지켜 가도록 조력한다. "사람은 자신이 생각하는 모습대로 된다. 지금 자신의 모습은 자신의 생각에서 비롯된 것이다. 내일 다른 위치에 있고자 한다면 자신의 생각을 바꾸면 된다(데이비드 리버만, 미국 심리학자)." 그 개인의 생각, 행동, 말 등이 마음의 움직임에 따라 달라질 수 있다. 마음의 움직임이 그 사람의 운명을 만드는 절대 요소이기 때문이다. 자신의 마음밭에 어떤 씨앗을 뿌리고 가꾸었느냐에 따라 지금의 내 모습이 결정되는 것이다. 당연히 지금 어떻게 하느냐에 따라 미래의 모습도 달라지는 것이다.

옛말에 '모든 것은 마음먹기에 달렸다'고 하는 것처럼 마음을 지키는 것이 곧 자신을 지키는 것이 된다. 자신을 지키는 것은 곧 자신의 인생을 지키는 것이다. 내 마음에 무엇을 담을 것인가, 그 내용에 따라 생각이 정해지고 그것이 자신의 느낌과 행동이 결정으로 이어진다. 더 나아가 그 사람의 인생의 질을 결정하게 된다. 불교에서 말하는 팔정도[八正道: 정견(正見)·정사유(正思惟)·정어(正語)·정업(正業)·정명(正命)·정념(正念)·정정진(正精進)·정정(正定)]의 길을 따르고자 한다면 올바른 지킴이 가능할 것이다.

푸드아트테라피는 이런 생명 지킴의 가치와 철학도 기본적으로 갖고 있다. 이 모든 것이 전체 에코 시스템과의 상생과 조화를 추구하는 길이기 때문이다.

PART 2

생명 중심 사상의 적용:
중용의 중요성

푸드아트테라피에서 생명 예찬은 푸드에 대한 생명력을 이해하는 것이다. 인간의 순수 자성에 대한 마음밭을 있는 그대로 보아 주는 마음이다. "살아 있는 것은 다 아름답다", "시한부 인생은 소중하다", "생태계는 생명체들의 정감 어린 교류"임을 몸과 마음으로 받아들이는 자세가 필요하다. 푸드가 지닌 컬러 에너지, 생명 에너지를 받아들이고 생명체의 욕구를 인정하고 수용하는 것이다. 모든 사람의 가장 근본적인 욕구는 잘살고 싶은 욕구이고, 욕구를 해결할 다양한 대안을 모색하여 상생의 방향으로 욕구를 전환할 수 있는 장점이 있다.

자연에서 온 생명력 있는 푸드 재료를 오감각적으로 체험하고, 인간과 식품이 하나의 생태계 내에서 상호 정감 어린 교류를 나누는 장을 활성화하여 개인이 생명체의 아름다움과 소중함을 인식하는 것이다. 다만, 생명 중심을 실천할 때 너무 비정하지 않고 냉정하지 않은 자세로 진심 어린 마음으로 실천함이 중요하다. 지나친 열정과 걱정으로 상대방이 너무 부담스러워하기보다는 상대방을 잘 살피어 온정과 애정으로 중용을 유지할 수 있어야 한다. 다음 그림에서 보듯이 푸드아트테라피에서 생명 중심적인 관점에서 네 가지 핵심 개념을 풀어내려면 중용으로 조절하는 것을 필요로 하고 있다. 네 가지 개념이 '무엇'에 해당된다고 하면, 중용은 '어떻게'에 해당된다고 볼 수 있다. 중요한 것은 일상생활에서 경험되는 포괄적인 이치이나 이를 제대로 적용하려면 중용에 대한 심도 있는 이해가 필요하다.

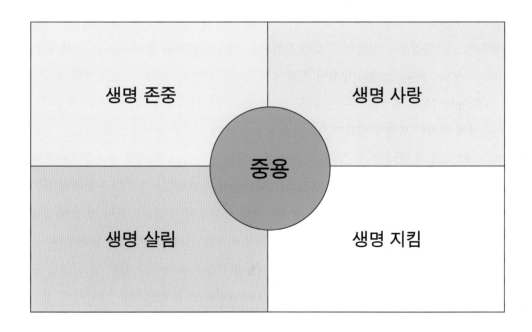

PART **3.**

생명 중심 사상의
푸드아트테라피 상담 기술

인간은 순수 자성(純粹 自性)의 상태로 태어나며 하늘로부터 받은 본성, 즉 천성(天性)에는 성장의 욕구와 무한한 잠재능력이 내재하고 있다. 환경과의 상호작용을 거치면서 성품에 차이가 발생하고 잠재능력이 충분히 발현되지 못하거나 비정상적인 방향으로 발달이 반복되면서 사회적으로 병리현상이 증가한다(이정연, 2014). 이에 이정연은 한국인의 생활 양식과 정서에 배어 있는 '살림'의 개념을 반영하는 푸드아트테라피 상담 과정을 구성하여 현실에 부합하는 이론적 모형을 정교화하고, 그에 따른 효율적 상담 기술을 소개하여 상담 현장에서 유용하게 활용하도록 의도하였다.

푸드아트테라피에서의 식품은 매체 그 이상의 영향력을 지닌다. 식품의 생명력이 인간에게 미치는 힘은 위대하다. 그 힘을 활용하여 인간의 존엄성을 소중히 하는 삶을 매우 자연스럽게 안내할 수 있다. 이러한 효용성을 받아들여 각 대학에서 푸드아트테라피를 전공 및 평생교육 강좌로 개설하는 사례들이 늘고 있다. 푸드는 우리에게 활기와 생기를 불어넣어 주는 존재이다. 또한, 생명 공동체의 구성원으로서 상담 과정에서 생명 중심 사상을 이해하는데 유용한 은유와 비유로 실제적 영향력을 발휘한다.

식품은 인간에게 이로우며, 오감적인 즐거움을 주고, 더 나아가 깊이 있게 배울 수 있도록 안내한다. 푸드아트테라피 전문가가 아닐지라도 활력을 잃은 사람에게 정성들여 기력을 보충하는 음식을 대접하는 것만으로도 상대는 힘을 얻는다. 우리 조상들의 일상적인 삶에서 엿볼 수 있는 '할머니의 정성'으로 품어 주는 기운이 통하는 것이다. 그저 아무 말하지 않고 먼저 살려 놓고 보는 것이다. 여기에 전문적인 푸드아트테라피는 오감을 활용한 치유적인 조력 과정을 도입함으로써 효과를 극대화할 수 있다.

푸드아트테라피는 상담 초기에 내담자와 치료자의 관계 형성을 촉진하기가 용이하다. 식품은 누구에게나 본능적으로 이끌리게 하고 흥미를 유발하며 위안 효과까지 있기 때문에 내담자가 특별한 자기방어를 하지 않고 자발적으로 참여하도록 유도하는 데 수월하다. 또한, 식품을 매체로 창작해 가는 과정에 쉽게 몰입할 수 있어 만족감이 크고 단시간에 작품의 완성으로까지 이어진다. 궁극적으로 내담자가 성공 경험을 얻게 되고 더불어 자신의 힘을 확인할 수 있다.

상담의 초·중·후기의 각 과정에서 푸드아트테라피 전문가의 상담 치료적 조력은 내담자의 인지·정서·행동상의 긍정적 변화와 자기성장 및 치유로 안내하고, 내담자는 스스로를 통합해 갈 수 있게 된다.

푸드아트테라피의 상담 과정은 개인 상담이든 집단 상담이든 내담자와 치료자 간의 상호작용으로 이루어지며 비지시적, 비구조화된 형식으로 진행된다. 그렇지만 대체로 치료적 관계 형성, 작품 제작 및 스토리텔링, 의미의 탐색, 새로운 의미의 창출 등으로 이루어진다(이정연, 2015).

상담은 기본적으로 내담자와의 만남이 시작되는 순간부터 진행된다. 기본적인 과정은 맞이하기, 받아들이기, 찾아 들어가기, 받아내기의 4단계이다. 각 상담 단계에 맞는 장(場)의 흐름은 애정 어린 시선, 정감 어린 교류, 진심 어린 관심, 생기 있는 한마당이다. 장의 흐름은 상담자와 내담자의 관계의 질에 영향을 받는다.

푸드아트테라피의 여러 과정은 경우에 따라 순서대로 진행되지 않거나 4단계를 다 거치지 않을 수 있다. 각 과정에 적합한 다양한 상담 기술을 적용하는데, 정형화된 상담 기법이나 특별한 기술보다는 내담자에 대한 상담자의 진정성, 긍정적 수용, 공감적 이해와 상담자의 인간적 자질에서 우러나오는 치유적인 힘을 중요시하며, 이러한 가치와 철학은 칼 로저스의 인간 중심적 상담과 통한다.

🔘 푸드아트테라피의 효율적인 상담 기술

1. 맞이하기 - 애정 어린 시선

푸드아트테라피 상담 과정의 가장 첫 단계로서 상담자는 자신과 참 만남을 이룬 상태에서 애정 어린 시선으로 내담자를 맞이한다. 이정연(2014)은 맞이하기 단계에서의 효율적인 상담 기술로 상담자 자체의 편안한 자세와 태도, 생태학적 감수성, 자연주의 테이블 세팅, 안전한 분위기 조성 능을 들었다.

상담자가 편안한 자세와 태도로 상황과 여건에 맞게 내담자를 위하여 정성으로 준비한 자연주의 테이블 세팅으로 생태학적 감수성과 함께 내담자를 애정 어린 시선으로 맞이한다. 생명체의 안부를 묻고 안전한 분위기로 상담의 장을 이끌어 가며 기운을 북돋우어 주면, 그 정성에 내담자의 마음이 열리고 상담자와 내담자 간에 치료적 관계가 형성된다. 더불어 내담자의 방어는 줄어들고 효율적인 상담으로 이어갈 수 있다. 그 과정에서 생명체 간의 만남 자체가 상담자에게도 의미 있는 영향을 주고받는 일임을 전달한다.

2. 받아들이기 - 정감 어린 교류

받아들이기 단계에서는 정감 어린 교류를 통해 생명체에 대한 절대적인 지지를 보내는 것으로 무조건적인 수용과 포용을 실행한다. 상담자는 내담자의 에너지 상태와 정도, 흐름 등 기운(기의 운행)을 잘 감지하여 내담자를 먼저 살려내는데 초점을 맞춘다. 받아들이기 단계에서의 효율적인 상담 기술로는 포용, 알아가기, 반응하기, 신체언어 사용하기, 깊은 이해, 받아주기, 받쳐주기 등의 공감과 경청 기술을 들 수 있다(이정연, 2014). 포용은 내담자를 해석이나 평가하지 않고 존재 그 자체로 너그럽게 감싸주거나 받아들이는 것이다. 알아가기는 몸과 마음을 다하여 상대방의 상태를 알아가는 것이다. 이때 지식이나 사실, 또는 공식을 적용하기보다는 내담자와의 정감 어린 교류를 통해 특별한 관심으로 이해하고 진정으로 사랑하게 하는 과정이다. 그 결과 내담자는 상담자와 사이가 더욱 가까워지고, 고마운 생각이 들며, 살맛이 나게 된다. 정감 어린 교류는 단순한 반응(反應) 수준에서 상응(相應), 호응(呼應)을 거쳐 감응(感應)수준으로 나눌 수 있다. 반응하기는 내담자의 심정을 받아들이고 상담자의 내면에서 정이 묻어나는 반응을 보이는 것이다. 내담자가 넋두리를 하면 함께 있어 주고, 하소연을 할 때는 경청하며, 내 편이 되어 달라고 하면 힘을 실어준다. 위로나 동정을 받고자 하면 공감해 주고, 도움을 요청하면 필요한 정보를 제공한다.

이정연(2014)은 반응하기를 무반응에서부터 무시-습관-예절-정성의 단계로 나누고 정감 어린 교류가 단순한 반응 수준에서 감응 수준으로 전개되어 갈수록 내담자는 자신의 존재 가치를 인정받으며 자기 이해와 자기 사랑이 증진되고 자기조절을 하게 된다고 보았다.

3. 찾아 들어가기 - 진심 어린 관심

찾아 들어가기 단계에서는 상담자가 내담자에 대한 진심 어린 관심으로 마음을 열게 하고 관계의 흐름 속에 함께 하며 적절히 조력한다. 상담자의 도움으로 내담자는 작품의 재구성을 통해 자신의 관점 전환을 확장하고 새로운 대안을 찾을 수 있다. 내담자는 자신의 마음에 걸려 있는 문제에 대해 상담자의 조력으로 찾아 들어가기 작업을 통해 '사실'과 '생각'을 구별하여 정리할 수 있게 된다.

이때 내담자가 자신의 상태를 이야기하고, 받아들여지며, 피드백을 주고받는 과정을 반복하는 것은 상담 치료적으로 매우 의미 있는 과정이다. 내담자는 이 단계에서 자유롭게 이야기하는 도중에 자기 문제의 원인과 현상, 그리고 그 안에 있는 사실, 자신의 생각이나 상상을 구별해 낸다. 스스로의 상황에 대해 주관적인 지각으로 어려워하고 있던 것을 의식하고 알아차림으로써 좀 더 객관화할 수 있게 된다. 그리하여 자신의 행동을 더욱 건설적으로 개선해 나갈 수 있게 된다.

또한, 상담 장면에서 배운 것을 가지고 일상생활로 돌아가 실천해 본 뒤 다시 이야기하고 받아들여지고 반복하는 과정도 매우 중요하며, 그 과정에서 내담자는 점점 더 많은 것을 알아가게 된다. 새로운 것을 발견하고 배우게 되어 처음 제시했던 문제의 해결을 넘어 더 큰 성장으로 이어진다.

찾아 들어가기 단계에서의 효율적인 상담 기술로는 재구성, 전체를 바라보기, 명료화 3不(불일치, 부자연, 불편함) 관찰하기와 3有(욕구, 능력, 희망) 발견하기, 마음 상자 탐색하기, 초점 두기, 대안 찾기 등이 있다(이정연, 2014). 재구성은 찾아 들어가기 단계의 핵심 기술이다. 내담자는 상담자의 조력 과정에서 자각한 내용을 토대로 자신이 원하는 내용을 이미지화하여 작품으로 재구성한다. 그리고 그것이 실현되도록 체계적이고 구체적인 계획을 세워 실제의 삶에서 점진적으로 이행하고 훈습하며 실현해 갈 수 있다.

말(생각, 또는 언어), 이미지(오감이나 상상), 감정, 신체 증상의 4가지 요소는 서로 연쇄 고리로 묶여 있다. 우리의 좌뇌는 언어로 사고하고, 우뇌는 이미지로 사고한다. 감정은 우뇌의 이미지와 관련되어 있고, 몸과도 연결되어 있다. 이들 4가지 요소들 중에서 하나를 변화시키면 다른 연계된 요소들도 변한다.

이런 관계를 활용하여 상상을 통해 증상을 만드는 심리적 원인인 핵심 주제에 더 쉽게 접근이 가능하다. 이런 측면에서 볼 때 푸드아트테라피에서의 작품 활동을 통한 이미지 구현은 상담 치료적으로 볼 때 상당한 의미가 있다.

푸드아트테라피가 지향하는 일차적 치료 목표인 자기 효능감 향상을 위해 진심 어린 관심으로 재구성 기법을 적용하여 자각-자립-자생의 과정을 촉진할 수 있다.

4. 받아내기 - 생기 어린 한마당

받아내기 단계에서는 "사람은 멋진 인생을 보내기 위해 태어났다. 그리고 필요한 자원은 모두 가지고 태어났다."는 NLP와 푸드아트테라피에 대한 전제를 확인할 수 있다. 상담자의 조력으로 내담자는 자신의 욕구를 스스로 해결할 수 있는 타고난 능력의 소유자임을 발견할 수 있다. 상담자는 내담자가 푸드아트테라피 과정에서 스스로 해낸 증거들을 확인할 수 있도록 돕는다. 내담자는 그 과정에서 자신의 욕구 실현 가능성에 대해 희망을 가지게 된다. 궁극적으로 자신을 제대로 살리는 생명력을 통합하는 단계에 도달한다. 즉 제한된 신념으로부터 해방되고 일상생활에서의 구속과 제한으로부터 벗어나 더 자유롭게 된다.

이 단계에서 내담자는 닫힌 마음이 열리고 트이게 된다. 장의 분위기도 훈훈하고 화기애애하게 진행된다. 그러나 자기 효능감이 증진되기 위해서는 깨달음[自覺]만으로는 부족하다. 자발적인 의지[自立]가 생기고 긍정적 변화[自生]가 실제 상황에서 이루어지도록 자신 내면의 역동을 지속적으로 살피고 보살피는 훈련이 진행되어야 한다. 받아내기 단계의 효율적인 상담 기술은 해냄을 확인하기와 새롭게 탄생한 세계를 굳히기 위한 전략이 필요하다. 즉 성장점 확인하기, 다지기, 축하하기, 상호 반영하기, 살피기, 보살피기 등을 적용한다(이정연, 2014).

해냄을 확인하기는 내담자의 작품에서나 상담 과정에서 이루어낸 성과를 확인하여 격려하고 지지해 주는 것이다. 내담자가 해내는 과정에서 보여준 성장점을 확인하고 그것들을 다지고, 해냄을 축하하며 필요한 부분을 상호 반영한다. 더 발전적 방향을 모색하기 위하여 살피고, 보살피며 새롭게 탄생한 세계를 굳혀 나간다.

2부

푸드아트테라피의 기초 영역

내가 나를 사랑하기 시작하면
세상도 나를 사랑하기 시작합니다.

− 혜민 −

FOOD
ART THERAPY

CHAPTER

03

나는 누구인가? 나는 나인가?

맞이하기

맞이하기 단계에서의 효율적인 상담 기술은 상담자 자체의 편안한 자세와 태도, 생대힉직인 감수성, 사연수의 테이블 세팅, 안전한 분위기 조성 등이며, 인위적으로 유도하지 않아도 내면의 감정과 생각으로 심리적인 위로와 마음의 안정감을 주는 '**유년기 소꿉놀이터**'를 생각하며 맞이하기를 준비하였다.

어린 시절 소꿉친구에게 따뜻한 말 전하기.

친구야! 잘 있니? 보고 싶다!

PART 1

내가 보는 나와
남이 보는 나

'나는 누구인가? 나는 나인가?'라는 질문 안에는 많은 생각과 감정과 느낌들이 스쳐 지나간다. 또한, 진정한 자기이해와 참 자기를 찾기 위해 던져 보는 질문이기도 하다. 자신에 대해 잘 알고 있다고 하는 사람에게도 조심스럽고 당당하게 물어본다. 현재의 자신의 마음자리를 찾아보고, 지금의 나이에 맞는 마음의 크기를 그려보고, 자신의 감정과 생각을 수용하는 자세로 찬찬히 들여다보아야 한다. 나를 바라보는 사람들의 긍정적이고 부정적인 말들을 수용하면서 자신을 닮은 이미지를 그려 보아야 한다. 내가 나를 가장 잘 알고 있는 나의 모습이 내가 보는 나일까? 타인에게 자주 듣는 말이 나의 모습일까? 진정한 나의 모습은 긍정적인 면과 부정적인 면까지 모두 수용을 하고 바라보는 깊은 이해가 필요함을 알 수 있어야 한다.

"나는 누구인가? 나는 나인가"에 대한 소주제로 내가 보는 나와 남이 보는 나에 대한 작품을 만들면서 나의 내면 탐색을 하고 나의 겉과 속을 나타내는 푸드를 탐색한 후 겉과 속이 함께 어우러지기 위해 필요한 자원을 탐색하여 진정한 나다움을 알기 위한 작품의 구성과 재구성 활동을 한 후 내가 찾고 싶은 나의 자아상을 완성해 가는 과정으로 이 장에서의 활동으로 자기인식, 자기이해, 자기수용을 하는 것을 목표로 하고 있다.

🔘 목표

① 자신과의 진정한 만남을 위한 진실한 마음을 들여다본다.

② 자신의 긍정적인 면, 밝은 면과 부정적인 면, 어두운 면에 대한 탐색을 한다.

③ 자신의 긍정적인 면과 밝은 면을 통한 자기이해를 한다.

④ 자신의 부정적인 면을 받아들이고 수용한다.

⑤ 내가 보는 나의 모습 안에 긍정성과 부정성을 받아들인다.

⑥ 남이 보는 나의 모습의 긍정성과 부정성을 받아들인다.

⑦ 내가 보는 나와 남이 보는 나의 모습 모두 나의 모습임을 대긍정으로 바라본다.

🔘 준비물

꽃소금, 검은색 부직포, 쌀, 잡곡, 아몬드, 향초, 새싹채소, 나뭇잎, 꽃, 집 피규어 등

🔘 작품 활동 안내

① 내가 보는 나의 모습과 남이 보는 나의 모습에 대한 스토리 나눔

② 남이 나에게 자주 하는 말, 자주 들었던 말에 대한 그때의 감정 나눔

③ '내가 보는 나와 남이 보는 나'에 대한 작품을 구성하도록 한다.

④ 작품 구성하는 동안 조력자로 함께 머무르기

⑤ 나의 모습을 표현할 재료를 고른다.

⑥ 부직포나 네모난 상자 위에 소금을 펼쳐보면서 지금의 나의 모습을 생각하며 토닥거린다.

⑦ 자신의 얼굴 모양을 만든다.

⑧ 얼굴의 반은 내가 보는 나의 모습을 만들고, 나머지 반은 다른 사람이 보는 나의 모습을 표현한다.

⑨ 상황에 따라 변하는 자신의 두 얼굴에 대해 이야기한다.

⑩ 내가 보는 나의 얼굴과 남이 보는 나의 얼굴을 아름답게 장식해 보고 필요한 부

분을 재구성해 본다.

⑪ 작품 구성과 재구성 후 알아차림과 자신의 작품에 대한 재구성 후 변화되어 가는 마음을 알아주고 받쳐주기에 대한 과정에 대해 서술할 수 있도록 지지와 격려를 한다.

⑫ 다르게 해보고 싶은 점에 대해 탐색해 봄으로써 좀 더 깊은 이해를 할 수 있도록 받아주고 나에 대해 알아가기를 한다.

⑬ 회기 진행 중 성장점에 대한 통찰을 하도록 회기 진행하는 동안 작품을 구성과 재구성을 통해 자신의 성장점에 대한 알아차림과 통찰을 할 수 있는 지혜를 발휘할 수 있고 해냄을 확인하도록 한다.

TIP

나를 바라보는 사람들의 긍정적이고 부정적인 말들을 수용하면서 자신을 닮은 이미지를 그려 보도록 한다. 내가 나를 가장 잘 알고 있는 나의 모습이 내가 보는 나일까? 타인에게 자주 듣는 말이 나의 모습일까? 진정한 나의 모습은 긍정적인 면과 부정적인 면까지 모두 수용을 하고 바라보는 깊은 이해를 하면서 작품을 구성하도록 한다.

주제	내가 보는 나와 남이 보는 나!
작품 스토리 및 의미	평소 통제에 대한 피드백과 거절당함에 대해 힘들어하며 남의 시선에 민감한 나를 보게 되었다. 나의 오른쪽 모습은 눈과 입은 웃고 있으나 왼쪽 반은 내가 보는 나의 모습 중 항상 불평과 불만족스러운 나의 모습을 표현하면서 지나치게 남을 의식하고 있는 나의 마음을 알게 되었다.

작품 구성

불평불만이 많은 나	멋지게 보이고 싶은 나
◆ 구성 불평불만이 많은 오른쪽 반쪽은 남에게 괜찮은 모습으로 보여 주기 위해 웃는 모습이고 왼쪽 얼굴은 불만족스럽고 불평하며 나를 위축되게 하는 모습으로 입술이 올라가 있고 눈과 코, 입의 반쪽도 올라간 모습이다.	◆ 재구성 멋지게 보여 주기 위해 장식을 해보니 남에게 보이는 나의 모습과 내가 만족하지 못하고 있는 모습 모두 나의 모습임을 수용하고 받아들이기로 마음을 먹었다. 측은하기도 하지만 예쁜 귀걸이와 한라봉 꼬투리로 만든 머리핀을 꽂아서 꾸미고 보니 기분이 좋아진다.

◆ 다르게 해보고 싶은 점

내가 보는 나의 모습을 좀 더 긍정적인 사고 전환을 하여 남이 보는 나의 모습과 일치된 모습으로 왼쪽 얼굴과 오른쪽 얼굴이 완전한 대칭 얼굴이 되어 있는 모습으로 해보고 싶다.

◆ 회기 진행 중 성장점에 대한 통찰

회기 진행하는 동안 불평불만이 많은 나의 마음과 남에게 멋지게 보이고 싶고 좋은 모습만 보이고 싶어하는 나의 마음과 행동에 대한 알아차림을 할 수 있었고, 다른 두 얼굴이 하나가 되어 가는 과정이 필요하다는 것을 알게 되었다. 또한, 작품을 재구성하는 동안의 변화에 대한 해냄을 확인할 수 있었다.

| 내가 보는 나와 남이 보는 나!-기타 작품 |

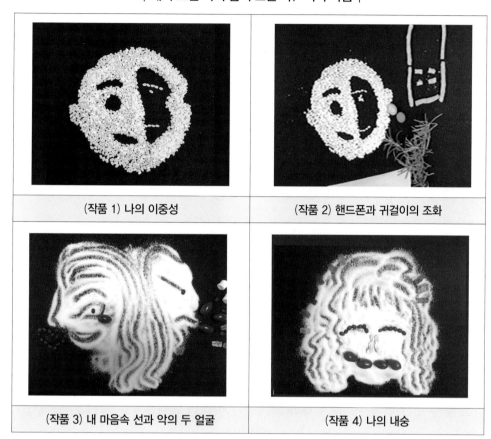

| (작품 1) 나의 이중성 | (작품 2) 핸드폰과 귀걸이의 조화 |
| (작품 3) 내 마음속 선과 악의 두 얼굴 | (작품 4) 나의 내숭 |

작품 1 처음에는 어떻게 시작해야 할지 몰라 망설이는 나를 보고 무슨 말을 해야 할지 고민하며 남들 눈치를 보고 있는 나의 모습은 검은색 얼굴로 표현하였고, 나의 긍정적인 면은 하얀 쌀로 긍정적이고 좋게 보이고 싶은 마음의 양가감정이 느껴져 흑백으로 표현하였다. 나의 이중성을 흑과 백으로 나타내어 보니 우울함이 밀려온다.

작품 2 작품 1을 재구성하면서 만든 '핸드폰과 귀걸이의 조화'는 막상 재구성 작품을 구성하다 보니 나에게 가장 친밀한 도구인 핸드폰을 만들고 귀걸이로 예쁘게 보일려고 하는 마음을 작품 안에 표현해 보았다.

작품 3 내 마음속에 존재하는 선과 악의 두 얼굴을 등지게 만들어 보니 나의 좋은 점과 화날 때의 감정이 극적으로 나뉘고 있음을 알게 되었다.

작품 4 내가 보는 나는 자주 화를 내고 찡그리고 분노하는 나의 모습과 남들이 처음 나를 때 자주 하는 말 '예쁘다'는 말에 맞추기 위해 내숭을 떨고 있는 모습.

PART 2

나다움 찾기

나다움이란 내가 나임을 인지하고 인정하는 그 상태이다. 우리는 매일 자신을 스스로 알아차리고 또 다른 나를 받아들일 수 있는 마음속으로 여행을 수없이 하고 있다. 내가 아닌 나를 의연하게 받아들일 수 있는 용기와 자신감이 나다움이라고 할 수 있지 않을까?

크고 작은 일을 선택하고 중요한 결정을 해야 할 순간에 직면하는 경우 선택을 잘했다고 할 수 있는 경우는 나에게 좋은 선택일지, 아니면 남에게 좋은 것인지? 남이 좋으면 내가 좋다고 할 수 있는 것인지? 즉 자신에게 맞는 것을 구분하는데 기준이 되는 것이 나다움이다.

타인 지향적인 삶을 선택하더라도 내가 편안하고 나의 겉과 속이 일치되어 몸과 마음이 느끼는 감정이 편안한 상황이다.

나다움을 받아들이는 작업을 하고 나다움을 알게 된 후에도 어색해하거나 거부할 수 있기 때문에 예전의 나로 돌아가는 경우가 있다. 남의 인정이나 평가에 과잉 반응하거나 과소 반응하지 않고 편안하게 자신을 내세울 수 있는지 확인해 볼 수 있다.

🎯 목표

① 겉과 속이 일치된 자기 이해 및 자기 수용으로 나다움 찾기

② 차시별 주제에 맞는 스토리에 대한 사항과 작품을 구성하고 스토리를 나눈 후 작품을 통한 자아 탐색과 작품을 재구성할 수 있도록 한다.

③ 나의 진정한 나다움을 찾아갈 수 있다.

④ 남과 다른 나를 인정하고 자신에 대한 안정감을 찾기 위해 노력과 용기를 갖는다.

⑤ 부모나 다른 역할 모델의 가치나 기대를 그대로 수용하여 그들과 비슷한 선택을 하는 상황과 의사결정을 못 하는 상황을 알아차림 할 수 있도록 한다.

🎯 준비물

여러 종류의 과일과 채소, 칼과 가위, 도마, 여러 종류의 빵, 견과류(아몬드, 땅콩), 구운 마늘, 딸기잼, 과일청, 나무판, 기타 소품.

🎯 작품 활동 안내

① 나를 닮은 과일(사과, 토마토, 배, 귤, 포도, 딸기)을 선택하고 남이 지각하는 나를 닮은 채소(고구마, 당근, 감자, 마늘, 고추, 배추)를 고르게 한다.

② 고른 과일과 채소에 대한 나의 느낌을 발표하고 구성과 재구성을 통해 동화와 조절을 통해 나다움을 찾아가도록 한다.

③ '나다움'에 대한 작품을 구성할 수 있는 나무판이나 색도화지, 천 등을 고른다.

④ 여러 종류의 빵 중에서 마음에 드는 빵 하나를 고른다.

⑤ 빵을 반으로 자른 후 나를 닮은 과일과 남이 지각한 채소를 잘게 자른 후 견과류를 섞어서 속을 채우고 필요한 만큼의 잼이나 과일청을 발라 시식하며 느낌을 나눈다.

⑥ 남은 껍질과 재료로 나다움을 표현하고 소품으로 장식한 후 소감을 나눈다.

⑦ 오늘 새롭게 발견한 나다움으로 재구성하여 설치 작품을 만든다.

책 《미움받을 용기》로 대중들에게도 잘 알려진 심리학자 아들러는 인간의 사회적 특성을 중요하게 다룬 '개인심리학'을 주창한 학자다. 아들러는 인간의 삶이 무의식에 지배를 받는다고 보았던 프로이드와는 반대로, 사람은 용기와 의지를 통해 자신의 삶을 바꿔 갈 수 있다고 했다. 아들러는 사람이 자기 자신답게 살지 못한 근본적인 원인으로 '인정 욕구'를 들었다. 타인에게 인정받고 좋은 평가를 받고 싶은 마음 때문에 많은 이가 자신의 삶을 주체적으로 살지 못하고 타인의 평가에 휘둘려 살게 된다는 것이다.

이러한 인정 욕구에서 벗어나는 방법으로 아들러가 제시한 것은 '과제 분리'이다. 과제 분리는 자신의 과제와 타인의 과제를 구분하고, 자신이 해야 할 일에는 책임을 지지만, 타인이 하는 일에 대해서는 신경 쓰지 않는 자세를 말한다. 아들러는 이를 통해 인정 욕구에 매몰되지 않을 수 있으며 주체적인 삶을 살아갈 수 있다고 했다.

즉 타인에게 인정받으려는 욕구로부터 자유로워질 수 있어서 타인의 평가와 인정에 영향을 받지 않겠다는 신념 '미움받을 용기'가 필요하다.

어린 시절부터 경쟁과 평가에 익숙해진 채, 타인의 인정에 의존해 살아가고 있는 우리에게 '미움받을 용기'는 나다움을 찾아가는 데 필요한 용기이다.

주제	나다움 찾기: 나의 겉과 속
작품 스토리 및 의미	나를 닮은 과일은 속살이 부드럽고 마음이 연약한 토마토를 선택하고, 남이 지각하고 있는 채소는 힘이 있고, 야무지고, 센 척해 보이는 고구마를 선택하였다. 고구마로 탐색을 한 후 우주로 발사하기 직전의 로켓을 만들고 세워 보니 기분이 좋다. 동화와 조절하는 동안 나의 내면을 들여다보니 방울토마토를 첫 번째 구성에 놓지 않았다는 것을 알고 나의 내면보다는 겉으로 드러나는 모습, 남에게 보여 주고 싶은 부분에 에너지를 사용하고 있다는 것을 알고 나다움을 찾아가 보았다. 동그란 빵을 선택하고 구름 모양의 나무판 위에 나를 둘러싼 사람들로 구성해 보니 중앙에 있는 내가 자랑스러워 보인다.

작품 구성

발사 전 우주 로켓	무대 위의 나	나의 속살 느낌

◈ 구성

고구마의 단단함이 먼저 눈에 띄어 선택함.

고구마 로켓을 만들어 발사 전 로켓을 구성하고 나다움을 찾아보니 항상 스탠바이하고 있는 모습과 우주로 날아가고 싶어 하는 마음과 위로 올라가고 싶은 상황이 느껴진다. 바쁨 속에서의 나를 발견함.

◈ 재구성

재구성을 하면서 고구마를 펼쳐두고 나니 조금 편안해 지는 느낌이 들었지만, 나의 겉과 속을 섞어서 만든 동그란 빵을 중앙에 두고 토마토를 그 위에 올려 둠.

아! 나는 항상 누군가에게 알려지는 공간에 있고 싶구나를 알아차림.

나의 속살을 보니 많은 사람들과 화합하고 무리 속에 함께 하고 싶었다. 조절하다 보니 윤활유 역할을 하는 속 재료가 많이 필요함을 자각함. 속살의 윤활유로 들어간 올리브유, 블루베리 잼, 견과류 등의 다양한 속살이 내면의 다양함과 존재에 대한 다양성의 나의 나다움으로 받아들이는 활동이었다.

◆ 다르게 해보고 싶은 점

내가 선택한 방울토마토와 고구마를 함께 사용하여 조금 더 포근하고 평온한 초원으로 만들어 보고 싶다. 고구마와 방울토마토를 함께 잘게 썰어서 블루베리 잼을 조금만 사용해도 맛과 모양이 펼쳐진 나다움을 표현해 보고 싶다.

◆ 회기 진행 중 성장점에 대한 통찰

나의 속살을 보니 많은 사람과 화합하고 무리 속에 함께 하려고 애쓴 모습을 보고 조절하였다. 윤활유 역할을 히는 속 재료가 많이 필요힘을 알았고, 윤활유 역할인 올리브유, 블루베리잼, 견과류등의 다양한 속살을 나의 내면의 나다움으로 받아들일 수 있었다.

| 나다움 찾기 – 기타 작품 |

(작품 1) 배추의 넉넉함과 새콤한 나다움

(작품 2) 해바라기로 드러난 나다움

(작품 3) 느림의 사랑 나다움

(작품 4) 달달하고 맛깔나는 나다움

`작품 1` 내가 고른 배추의 달달함과 상큼한 성격이라고 하는 부분을 수용하면서 밝고 활달한 나다움을 구성함.

`작품 2` 상큼한 귤을 까서 귤의 알맹이로 밝게 웃고 있는 해바라기 얼굴을 표현하니 드러나는 용기의 나다움을 알게 됨.

`작품 3` 양파를 잘라서 탑을 높이 쌓고 나니 양파 깊숙한 곳에 있는 속살로 느리게 사랑을 찾아가는 하트 눈을 가진 생쥐 닮은 나다움.

`작품 4` 빵 사이에 들어가는 잼의 양을 많이 섞어 바르면서 나의 독단적인 성향이 타인과 화합한 다양함으로 통합할 수 있어서 더 달달하고 맛깔나는 나다움.

PART 3

나의 자아상

나의 자아상이라는 주제로 자신을 표현한다는 것은 쉬운 일이 아니다. 평소 생각해 보지 않았기 때문에 어렵게 생각할 수 있다. 친근한 재료들로 재미있게 놀이처럼 자신을 표현하도록 유도하고, 자신을 스스로 어떻게 생각하는지가 얼마나 중요한지 이해시키고 느끼는 시간을 통해 믿음과 확신을 갖게 한다. 자신이 누구인지, 삶의 목적은 무엇인지, 어떻게 살아야 하는지 등을 생각할 수 있는 시간을 가지게 하는 것 그 자체만으로도 중요하기 때문이다. 이런 기회를 통해 나의 강점과 잠재력을 들여다보고 찾아내기를 하여 나의 자아상을 재조명해 보는 경험으로 자기 효능감을 느낀다.

목표

① 여러 가지 재료를 가지고 자신의 자아상을 표현하고 자신이 소중하고 유일한 존재임을 인식하게 한다.
② 자신을 표현하는 과정에서 긍정적인 인식과 자신감을 갖게 한다.
③ 자신을 나타낼 수 있는 이미지를 표현해 봄으로써 구성원 스스로 괜찮은 사람이라는 자기인식이 필요하며, 지지와 격려로써 감정을 살려주어 자존감을 높인다.
④ 내가 소중한 존재임을 알고 괜찮은 사람임을 인식한다.
⑤ 자신의 생각과 느낌을 자유롭게 표현해 봄으로써 긴장감을 해소한다.

준비물

가지, 미니, 파프리카, 쌀 튀밥, 방울토마토, 과자, 마카로니, 색 젤리, 옛날 과자, 빨간 고추, 포테이토, 초코볼, 초코바나나킥.

⚙️ 작품 활동 안내

① "나는 누구인가?"라는 질문을 자기 자신에게 던지며 자신과 만나는 시간을 갖는다.

② 조용히 눈을 감고 나에 대해 생각해본다. 나는 어떤 사람인가? 나의 존재는? 나의 강점은? 나는 여기에 왜 있는가? 등의 화두를 던져본다.

③ 나는 어떤 사람인가? 나의 장점 나누기 등을 통해 자기 인식하기.

④ 여러 가지 재료를 가지고 자신의 자아상을 표현하고 나누는 과정에서 자신이 소중하고 유일한 존재임을 인식하게 한다.

⑤ 자신을 표현하는 것이 쉬운 일이 아니므로 내가 잘하는 것, 내가 하고 싶은 것, 자기만의 특별함을 찾게 한 다음, 만들어 보도록 격려한다.

⑥ 자신을 나타낼 수 있는 이미지를 표현해 봄으로써 구성원 스스로 괜찮은 사람이라는 자기인식이 필요하며, 지지와 격려로써 감정을 살려주어 자존감을 높이는 활동이다.

⑦ 작품에 대해 서로 나누고 만들 때의 느낌과 생각을 발표하게 한다.

⑧ 자아상을 나타내고 나누는 과정에서 특별하고 독특함에 대한 지지와 격려, 긍정적인 피드백을 해줌으로 인해 스스로 소중하고 귀한 존재임을 인지하는 과정에서 새로운 알아차림을 경험하게 한다.

⑨ 작품이 완성된 후 돌아가면서 자신의 작품에 대한 제목을 붙여 보고 설명과 그에 따른 의미를 부여하는 시간을 갖는다.

⑩ 내 안의 또 다른 나를 재구성해 본다.

TIP

내가 누구인지, 나는 어떤 사람인지 자신이 평소 어떤 가면을 쓰고 살고 있는지 스스로 내면을 들여다보고, 보여지는 나는 어떤 모습으로 집단원들에게 보여지는지 물어보는 기회를 통해 나를 아는 좋은 기회의 장을 마련해 긍정적인 자기상을 가질 수 있도록 한다.

주제	나의 자화상
작품 스토리 및 의미	"나는 누구인가?"라는 주제로 나를 생각하는 시간을 가졌다. "나는 누구일까?" 한참을 망설인 끝에 현재 나를 표현했다. 어김없이 두 자녀가 옆에 자리하고 있는 것으로 보아 내면의 아이들에 대한 나의 감정이 나타났다. 늘 미안하고 안쓰러운 마음이 나를 힘들게 하고 있다는 것을….

작품 구성

자녀와 함께인 나	온전한 나
◈ 구성 내 인생의 두 아이는 늘 함께 있다. 나의 자아상을 표현하기가 쉬운 일이 아니었다. 조용히 나를 되돌아보았다.	◈ 재구성 온전히 나만을 생각하고 나만을 위해 표현해 보니 좀 더 가벼운 마음이 들었다.

◈ 다르게 해보고 싶은 점
머리가 길어서 찰랑찰랑하게 한번 해보고 싶다.

◈ 회기 진행 중 성장점에 대한 통찰
나를 어떻게 표현할까? 특징을 찾고 표현하기가 좀 어려웠지만 아직도 두 자녀에게 벗어나지 못하는 모습에서 좀 더 나를 들여다볼 수 있었던 시간이었다.
두 아이에 대한 미안함에서 벗어나 이젠 나를 좀 더 사랑하고 나를 더 안아 주고 나를 위한 시간을 많이 가져봐야겠다.

| 나의 자아상 – 기타 작품 |

(작품 1) 당당한 나

(작품 2) 생각이 많은 나

(작품 3) 왕눈이

(작품 4) 외로운 나

작품 1 매사 긍정적이고 뭐든 어려워하지 않고 척척해 내는 자신감 넘치는 나.

작품 2 머리에 생각이 많은데 다른 사람과 함께 나누지 못하고 늘 혼자 생각으로 가득한 나.

작품 3 눈이 작아 늘 큰 눈을 가진 아이를 부러워했던 나. 나의 자아상을 스스로 큰 눈으로 표현해 주고 싶은 마음으로 나타난 나.

작품 4 소심하고 말이 없어 주위에 친구가 없는 언제나 외로운 나.

CHAPTER

04

성장 스토리

맞이하기

맞이하기 단계에서의 효율적인 상담 기술은 상담자 자체의 편안한 자세와 태도. 생태학적인 감수성. 자연주의 테이블 세팅, 안전한 분위기 조성 등이며, 인위적으로 유도하지 않아도 내면의 감정과 생각으로 심리적인 위로와 마음의 안정감을 주는 '**무한 축복으로 충전되는 나**'를 생각하며 맞이하기를 준비하였다.

오늘 만나는 사람들에게 먼저 따뜻한 말 전하기.
감사합니다. 고맙습니다. 덕분입니다.

유년기의 추억

어린 시절 소꿉놀이의 추억을 떠올리면 누구나 행복했던 감정으로 빠지게 된다.

이 시기는 가족보다 더 많은 시간을 친구들과 함께 보내며 사회적 관계 맺기를 통해 사회성을 키워 가고 상황에 대처해 가는 방법을 친구(또래)를 통해 익히게 된다.

또래들과 어떻게 소통하고 어떻게 나누며 지냈는지 추억을 회상해 보게 하고, 나의 인생에서 가장 행복했고 잊지 못할 순간을 표현하는 과정은 긍정성을 찾을 수 있는 좋은 방법 중의 하나이다. 행복한 감정 속에 빠져봄으로써 함께 느끼고, 함께 나누고, 함께 가야 할 친구들을 새삼 기억하게 함으로써 내면의 에너지를 갖는 것이 중요하다.

🔵 목표

① 어린 시절 행복했던 순간을 떠올리며 친구의 소중함을 인식한다.

② 나의 과거, 현재, 미래의 상황을 점검하고 긍정적인 삶을 마음의 눈으로 바라볼 수 있다.

③ 행복했던 추억을 떠올리며 자신의 삶 속에서 긍정적인 자아상을 발견하도록 한다.

④ 어린 시절 함께했던 친구를 떠올려봄으로써 나에게 긍정적 영향을 주었던 친구, 갈등 관계였던 친구의 내면을 들여다보는 기회를 제공한다.

⑤ 내담자 또는 집단원들이 친구 관계를 나눌 때 제3자의 입장에서 바라볼 수 있는 기회를 제공한다.

🔵 준비물

커피 가루, 젤리, 나뭇가지, 설탕, 미쯔, 색지.

🔵 작품 활동 안내

① 조용히 눈을 감고 어린 시절 추억으로 시간 여행을 한다.

② 어린 시절 행복했던 순간들을 떠올려본다.

③ 최고로 행복했던 추억을 주어진 재료를 가지고 솔직하게 표현해 본다.

④ 진행 과정에서 느끼는 감정을 있는 그대로 받아들인다.

⑤ 친구들과 함께했던 재미있는 놀이에 대해서는 함께 그때 그 시절로 돌아간 듯 즐겁게 이야기하고 공유한다.

⑥ 그때 그 시절 친구와 함께했던 놀이에 대해 다시 한번 눈을 감고 느끼도록 한다.

⑦ 돌아가면서 자신의 어린 시절 추억 여행을 떠나보는 동시에 다른 사람의 경험을 공감하고 알아차림 하는 과정에서 다르게 해보고 싶은 점을 해보도록 한다.

⑧ 아쉬웠던 점이나 후회스러웠던 점은 다시 재구성해 본다.

⑨ 다양한 감정들을 끌어내어 그 시절 문화와 감정에 빠져 본다.

⑩ 회기 진행 중 통찰한 것에 대해 자각하도록 한다.

TIP

오늘 나에게 기적이 일어나 행복했던 어린 시절로 돌아간다면 나는 어떤 것을 꿈꾸고 싶은지, 어떤 것을 바꾸고 싶은지, 어떤 것을 하고 싶은지, 기적 질문을 통해 어떤 기적이 일어날지를 생각해 본다.

느낀 점과 생각을 나눈 후 어떤 기적이 일어났는지 질문한다.

우리는 누군가에게 힘이 되어 주고 싶어 한다. 어려움을 겪고 있는 친구에게 어떻게 위로하고 힘이 되어 줄지 우리 안에 서로를 배려하고 도움을 주고자 하는 아름답고 선한 마음이 있다.

주제	소꿉놀이-어린 시절 추억
작품 스토리 및 의미	초등학교 때 같은 아파트에 살던 친구들과 언니, 동생들이 다 함께 집 앞 놀이터에서 땅따먹기도 하고 피구도 하고, 비 온 다음 날 우물도 파고 놀았던 추억이 가장 먼저 생각났다. 그때만 해도 인터넷이나 컴퓨터 게임이 많이 없어서 또래들과 밖에 나가 땀 흘리면서 놀았는데 요즘은 거의 컴퓨터를 통해 사람을 만나고 친구를 사귄다는 현실이 안타까운 생각이 든다.

작품 구성

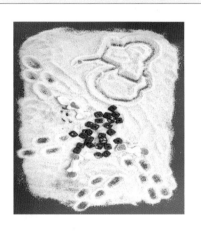 

공기놀이	그리운 추억 놀이
◈ **구성** 행복했던 추억 여행을 떠나 공기놀이, 땅따먹기 놀이하던 그 친구들, 그때 그 감정에 빠져 미래에 대한 행복을 생각해 보았다.	◈ **재구성** 유난히 공기놀이를 못 했던 기억이 난다. 지금은 잘 할 수 있는데… 그때 그 친구들이 그립다. 행복한 미래를 재구성했다.

◈ **다르게 해보고 싶은 점**

젤리가 생각보다 잘 안 늘어나서 모양 잡는데 애먹었던 기억이 난다. 예쁜 구름도 표현했다면 어땠을까 하는 아쉬움이 남는다.

◈ **회기 진행 중 성장점에 대한 통찰**

나도 모르게 이번 회기 작품을 진행하면서 그때의 추억에 미소 짓게 되었다. 지금은 그렇게 철없이 놀던 때가 그립다. 가끔 친구와 연락을 하면 여전히 그때의 추억을 곱씹게 되는 것 같다. 인생에서 다시 그렇게 해맑게 놀 수 있는 시간이 올까? 하는 생각이 든다.

 (작품 1) 아버지에 대한 그리움	(작품 2) 언니랑 함께한 게임
 (작품 3) 말뚝박기 놀이	 (작품 4) 모래 쌓기 놀이

작품 1 늦도록 술을 드시고 한밤중에 집에 들어오셔서 자고 있는 자식들에게 따가운 수염을 비비시며 맛있는 거 사왔다고 깨우셨던 돌아가신 아버지에 대한 그리움.

작품 2 어렸을 때 언니랑 골방에 들어가서 배운 화투 놀이가 생각이나 표현했다. 엄마에게 들 킬까 봐 조마조마하며 배운 화투 놀이.

작품 3 어린 시절 눈만 뜨면 바다와 들판을 뛰어다니며 놀았던 기억들, 조금은 남자아이처럼 자치기며 말뚝박기 놀이를 했던 그리움.

작품 4 사면이 깡촌인 시골 지역에서 어렵게 살던 어린 시절, 부모님은 농사지으러 가셨고, 언니들은 밥을 지어 동생들을 돌보며 성장하였고, 나는 친구들과 모래 쌓기를 하고 놀 았던 행복했던 추억.

PART 2.

나의 청소년기

아동·청소년기는 변화가 가득하고 사회성을 또래들과 만들어 가고 상황에 대처해 가는 방법 또한 친구(또래)를 통해 익히게 된다. 가족과 보내는 시간보다 대부분을 또래(친구)들과 보내는 관계 맺기는 매우 중요하다. 가족과의 관계, 친구들과의 관계, 또 다른 관계 속에서 자신의 정체성을 찾아가고 자신의 역할을 하며 살아간다. 자신의 청소년기를 뒤돌아보며 그때의 시간, 감정을 다시금 느껴 보는 기회를 가짐으로 인해 자신이 진정으로 원하는 삶이 어떤 모습인지, 어떻게 살아가고 싶은지를 생각해 보고 자신의 생각을 정리해 보는 것은 매우 중요한 시간이 될 것이다.

목표

① 긍정적인 자아상과 정체성을 확립한다.
② 자신의 모습을 관계 속에서 알아차림하고 인간관계에서 발생한 갈등의 원인을 이해할 수 있도록 한다.
③ 지금 자신의 생각과 자신의 행동의 중요성을 인식한다.
④ 자신의 숨겨진 자원을 찾아내고 가능성에 대한 믿음을 갖는다.
⑤ 스스로 내면에 쌓아 둔 부정적인 생각과 감정들을 시원하게 털어놓게 하여 내면을 정화시킨다.
⑥ 자기 안에 풀지 못한 감정의 찌꺼기가 있는지, 있다면 무엇인지를 찾아보게 한 후 내면에 쌓아 둔 부정적인 감정과 생각을 시원하게 털어버려 스스로 내면을 정화시킨다.

🔵 준비물

김, 솔가지, 솔잎, 비틀즈, 검정콩, 콩나물, 리본파스타, 색지.

🔵 작품 활동 안내

① 나의 청소년기를 돌아보고 내 자신에 대해 생각하는 시간을 갖는다.

② 변화기 많은 시기를 기치면서 겪었던 일들을 상기시킨다.

③ 준비한 재료들로 그때 가장 인상 깊고 잊지 못할 갈등의 주요인이 무엇이었는지 표현한다.

④ 나에게 영향을 준 대상은 누구인지 생각해 보고 지금 느낌을 나타내 본다.

⑤ 작품에 대해 나누고 집단원들의 다른 경험과 감정을 나누며 공감해 준다.

⑥ 청소년기를 잘 이겨낸 집단원들끼리 지지와 격려를 한다.

⑦ 중요한 것은 자신에게는 문제를 이겨낸 경험과 능력이 있음을 자각하게 한다.

⑧ 아팠던 기억들, 힘들었던 일들을 통해 한 단계 성장한 자신을 보게 한다.

⑨ 자신의 친구들에 대해 생각해 보고 자신이 좋아하는 친한 친구와 자신을 괴롭히거나 좋아하지 않은 친구들이 누가 있는지 생각해 본다.

⑩ 집단원들의 나눔을 듣고 재구성의 기회를 갖는다.

⑪ 작품이 완성된 후 돌아가면서 자신의 작품에 대한 설명과 그에 따른 의미를 부여하는 시간을 갖는다.

TIP

집단원들의 청소년기 시절에 지우고 싶은 흑역사를 한 가지씩 이야기하게 한 후 "지우고 싶어요!"라고 외치면 다 같이 "레비오사"를 외친다.
내면에 응어리를 떨쳐버리고 시원하고 후련한 감정을 가질 수 있도록 한다.
또한, 누군가에게 맺힌 이야기를 풀어낼 때 세심하게 듣고 관찰하여 마음에 쌓인 분노나 답답함을 파악하고 이해할 수 있도록 하며, 어색하지 않도록 분위기를 만들어 주는 것이 중요하다.

주제	나의 청소년기
작품 스토리 및 의미	나의 청소년기를 생각하면 행복하지 않았다. 불행하고 복잡하고 힘들었다. 여러 가지 일들과 마음속에 큰 사건들이 솔잎들로 얽혀 있는 느낌이 들었다. 그런 중에도 나를 사랑해 주는 엄마와 사람들의 사랑이 한결같이 자리하고 있어서 오늘 내가 있음을 알았다.

작품 구성

어두운 나	성장한 나
◈ 구성 철없이 즐거웠던 시절 큰 사건들이 아직 마음속에 까만 점처럼 남아 있어 힘들었던 시간들이었다.	◈ 재구성 늘 한결같이 나에게 보여준 엄마의 사랑과 믿음이 지금의 나로 성장할 수 있게 하셨다. 그때는 그걸 왜 몰랐을까? 죄송하고 감사함 마음을 표현하였다.

◈ 다르게 해보고 싶은 점
친구들과 보냈던 행복한 청소년기를 표현해 보고 싶다.

◈ 회기 진행 중 성장점에 대한 통찰
다양한 사건들과 까만 점처럼 남아 있는 사건들도 조금 풀려 있는 콩나물처럼 내 내면에서도 풀려나가게 될 것 같다. '까만 점도 리본처럼 점차 밝아지겠지'라며 나를 다잡게 된다.

| 나의 청소년기 – 기타 작품 |

(작품 1) 또 다른 나의 청소년기를 꿈꾸며	(작품 2) 나를 좀 더 단단하게
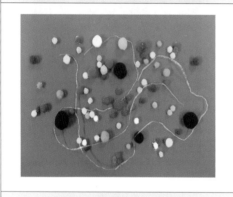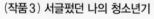	
(작품 3) 서글펐던 나의 청소년기	(작품 4) 대학 입시 실패 후 힘든 나

작품 1 여러 가지로 스트레스가 쌓이고 쌓여 속이 답답하고 꽉 막혀 있을 때면 친구랑 노래방에 가서 풀었던 기억이 아련하다.

작품 2 나를 되돌아보면 주눅 들고 크게 웃을 수 없었던 나의 청소년기… 나를 단단히 잡아주고 붙들어 준 엄마한테 감사한다.

작품 3 나의 청소년기에 여러 가지 일들이 실타래처럼 얽혀 있어 행복하지 않았다. 그래도 묵묵히 잘 버텨 지금의 나로 성장했음을 스스로 칭찬해 주고 싶다.

작품 4 대학 입시를 실패한 후, 힘들어진 내 인생을 표현해 보았다. 별을 세어 가며 책을 읽고 열심히 공부하며 보냈던 고등학교 시절이 그리움으로 남는다.

PART **3.**

나를 위한 파티

우리가 살아가는 문화에서 파티라는 개념이 다소 어색하고 특별한 날에 행해지는 하나의 의식으로만 인식되었는데, 오로지 나를 위한 파티를 준비하고, 그것을 마음껏 느끼는 과정에서 자신에게 몰입할 수 있고, 그런 시간을 통해 긍정적인 자아상과 자신을 사랑하고 있음을 재체험하는 시간이다. 바쁘게 살고 있는 나에게 오늘 하루만이라도 특별한 나만의 파티를 시작해 칭찬해 주고 나도 충분히 사랑받고 사랑할 수 있다는 행복한 마음을 느낄 수 있는 지금 이 순간에 자신에게 주는 작업은 다른 사람이 나에 대해 어떤 평가를 하든 나 스스로 존중하고 소중하게 여기는 마음을 갖는 사람은 다른 사람들을 온전히 배려하고 사랑할 수 있는 근본이 되는 것이다. 그런 의미에서 매우 중요하면서도 필요하다.

🔘 목표

① 스스로 삶에 대한 자신감을 갖게 하고 높은 가치를 부여함으로써 자기 존중감과 자기 효능감을 향상한다.

② 나를 귀하게 여기는 마음을 통해 긍정적인 자아상을 확립한다.

③ 온전히 나를 위한 욕구에 몰입할 수 있는 시간을 갖는다.

④ 행복한 시간을 통해 자신을 더욱 사랑하는 마음을 갖는다.

⑤ 다른 사람의 시선이나 평가보다는 스스로에게 하는 인정과 칭찬이 더욱 중요하고 소중하다는 사실을 깨닫게 한다.

⑥ 집단원들의 칭찬과 지지를 더하게 해서 세상에 대해 긍정적인 시각을 갖는다,

⬤ 준비물

핑크색 부직포 판, 뻥튀기, 내가 좋아하는 접시, 체리, 귤, 방울토마토, 바나나, 포도, 살구, 김, 팽이버섯, 나뭇잎, 향초.

⬤ 작품 활동 안내

① 즐겁게 행복한 자신만의 파티를 상상해 본다.

② 자기 장점을 20개 정도 찾게 하고 온전히 나만을 위한 시간을 갖는다.

③ 잘하는 것, 좋아하는 것을 찾아보고 자존감을 높인다.

④ 그런 스스로를 대단하게 여기고 정성껏 대접하는 기회를 부여한다.

⑤ 집단원 스스로 어떻게 생각하는지는 그 사람이 얼마나 건강한 삶을 살고 있는지를 보여 주는 아주 중요한 생각이다.

⑥ 자신이 좋아하는 다양한 과일과 채소 등으로 나를 위한 파티를 시작한다.

⑦ 표현하면서 자기 효능감과 긍정적인 자아상을 갖게 한다.

⑧ 스스로 용기와 에너지를 충전해 주도적인 삶을 살 수 있도록 긍정적인 피드백을 해준다.

⑨ 각자 어떤 파티를 준비했는지 집단원들과 나눈 다음 함께 파티를 연다.

⑩ 아쉬웠던 점은 다시 재구성해 본다.

TIP

과일이나 채소로 나에게 대접하는 활동을 표현하고 한 가지 더 자신에게 편지 쓰는 시간을 갖는 것도 충분히 의미 있는 시간일 것이다. 칭찬과 감사와 사랑의 메시지를 쓰는 경험을 통해 스스로 자기 효능감을 높일 수 있다.

또한, 집단의 경우 집단원 한 명이 자신에 대해 잘한 일이나 칭찬, 잊지 못할 감동적인 일을 집단원들에게 이야기하고 그 이야기를 들은 집단원들은 주인공을 위해 작품으로 선물을 만들어 주는 활동을 통해 자기 자신뿐만 아니라 다른 사람들로부터도 선물을 받는 기쁨을 경험하게 한다.

주제	나를 위한 파티(대접)
작품 스토리 및 의미	나를 위한 파티(대접)!! 최근에 나보다는 가족들이 먼저였다. 나를 위한 챙김이 부족한 시기였는데 오늘의 주제로 나를 챙김 할 수 있었다. 오늘도 너무 바빠서 푸드 준비를 제대로 준비해 오질 못했는데 남편의 도움으로 나를 위함을 표현할 수 있었다. 그에게 너무 감사했다. 나를 위해서 비타민이 풍부한 과일을 준비했고 내가 좋아하는 접시까지 챙겨다 주는 자상함! 늘 예쁜 것을 좋아하는 나인데 최근엔 주어진 대로 먹고 있는 나, 비로소 오늘에서야 나에게 대접할 수 있었다.

<table>
<tr><td colspan="2" align="center">작품 구성</td></tr>
<tr><td></td><td></td></tr>
<tr><td align="center">사랑</td><td align="center">감동</td></tr>
<tr>
<td>

◆ **구성**

남편의 도움으로 내가 좋아하는 것들로 표현하니 스스로 대접받는 느낌이 들어 좋았다.

</td>
<td>

◆ **재구성**

향초 하나 꼽았을 뿐인데 온전히 나를 비춰주고 뜨거운 감정이 올라와 울컥했다.
나를 더욱 사랑하자!

</td>
</tr>
</table>

◆ **회기 진행 중 성장점에 대한 통찰**

오늘의 시간을 가지면서 바쁜 와중에도 늘 자신을 챙기는 걸 잊어버리면 안 되겠구나를 느꼈다. 왜냐하면 내가 없으면 행복하질 않으니까요. 오늘을 도와주신 내 남자 감사하고 사랑합니다.

| 나를 위한 파티 – 기타 작품 |

(작품 1) 건강을 위한 나의 상차림

(작품 2) 45년 만의 나에게 주는 선물

(작품 3) 남편이 사랑으로 차려준 생일상

(작품 4) 오늘 나에게 주는 최고의 다과상

작품 1 여름이 되면 기운이 떨어지는 나, 건강을 생각한다면 먹어야 하는 여러 가지 과일, 채소로 나를 대접하는 상차림.

작품 2 45년이라는 시간을 살아오면서 오로지 나만을 생각하고 준비한 선물…. 자식을 낳아 기르고 가정을 꾸리며 바쁘게 살고 있는 나에게 오늘 하루만이라도 특별한 나만의 파티.

작품 3 오늘 너무 바쁜 일정을 소화하고 인스턴트로 끼니를 해결하려고 할 때 남편이 차려준 사랑의 생일 밥상.

작품 4 오늘을 맞이하는 나에게 화이팅의 의미.

CHAPTER

05

나의 강점과 성공 스토리

맞이하기

맞이하기 단계에서의 효율적인 상담 기술은 상담자 자체의 편안한 자세와 태도, 생태학적인 간수성, 자연주이 테이블 세팅, 안전한 분위기 조성 등이며 인위적으로 유도하지 않아도 내면의 감정과 생각으로 심리적인 위로와 마음의 안정감을 주는 '성장하는 나무'를 생각하며 맞이하기를 준비하였다.

오늘 내가 찾고자 하는 성장점은 어디쯤일까요?
어른으로 성장하기 위해 내게 꼭 필요한 나무는 어떤 모습일까요?

내면의 불꽃: 나의 정신줄

'조개 속의 진주'는 알아 볼 수가 없다. 그러나 조개 속의 진주라는 말을 듣는 순간 아픔과 고귀함이 공존하는 느낌이 든다. 이는 진주알이 빛나기 위해서 아픔을 견뎌내는 과정이 필수라는 것을 강조하는 말이다. 인간은 누구나 장점과 단점, 강점과 약점이 있다. 자신의 단점과 약점을 보완하고 자신의 장점과 강점을 더욱 강화시킴으로써 자신이 부족한 부분까지 수용하여 긍정적인 사고 전환을 통한 강점을 찾아내어 강화시키고 키워가는 것이 중요하다.

이 장에서는 내면의 불꽃을 주제로 태어나는 순간부터 생명력을 가지고 태어나는 모든 생명체는 동화와 조절을 통해 자신의 존재를 의미 있는 일에 몰입을 하고 존재감을 확장시켜 나간다는 것을 전제로 하고 있다. 다양한 적응 능력의 축적으로 생명력을 효율적으로 적용하며, 삶을 영위하기도 하지만 우여곡절을 겪는 인생 과정을 생각해 본다.

🔘 목표

① 모든 생명체는 살고자 하는 욕구가 있음을 안다.

② 가장 힘들어서 견디기 힘들었을 때 나의 에너지의 근원을 알아본다.

③ 자신의 강인한 생명력에 대한 인식을 한다.

④ 자신의 에너지 회복에 대한 탄력성을 인식한다.

⑤ 나를 살려내는 생명의 불꽃을 형상화하고 자신의 강점 에너지를 찾아본다.

⑥ 자신의 실패 경험을 디딤돌 삼아 성공으로 전환된 상황을 지킬 수 있는 정신력을 찾아본다.

⑦ 자신의 해냄을 확인하고 자기 효능감을 확인한다.

🔵 준비물

파프리카, 채소, 칼과 가위, 도마, 무, 연근, 당근, 미나리, 부추, 감자, 후르츠링, 나무쟁반.

🔵 작품 활동 안내

① 자신이 실제로 겪었던 아픔과 고통이 있었는지 살펴본다.

② 살아오는 동안 실패를 거듭했던 기억을 회상해 보고 실패로부터 얻었던 교훈을 생각해 본다.

③ 회복된 자신감의 근원이 무엇이었는지 불꽃으로 구성해 본다.

④ 내면의 불꽃을 만들 재료를 준비한 후 불꽃을 만든다.

⑤ 작품 구성하는 동안 조력자로 함께 머무르기를 한다.

⑥ 힘든 상황을 기억하여 그때의 감정을 당근을 잘라서 구체적으로 표현해 본다.

⑦ 제목을 붙이고 힘든 과정을 흘려보낸 후 감정을 떨쳐내고 힘든 과정을 이겨낼 수 있었던 내면을 살펴보고 불꽃으로 표현해 본다.

⑧ 소품으로 장식한 후 소감을 나눈다.

⑨ 오늘 새롭게 발견한 내면의 불꽃으로 재구성하여 설치 작품을 만든다.

인생이 원하지 않는 방향으로 흘러갈 때면 분노와 외로움, 절망감으로 위축되어 있거나 상실감으로 힘든 과정에서 허우적대거나 의욕 상실에 빠지기도 한다. 그럼에도 지금까지의 나를 지켜오게 한 힘은 어디에서 나온것이지 생각을 해보고 자기 안에 내재된 힘을 내면에서 타오르는 불꽃으로 생각하고 어떤 불꽃으로 타오르고 있는지 작품 활동을 해본다.

주제	내면의 불꽃–나의 정신줄
작품 스토리 및 의미	파프리카와 감자, 부추, 시리얼로 표현한 것은 놀이공원이다. 놀이공원에 있는 청룡열차(롤러코스터)와 케이블카를 표현했다. 부추로 곡선을 주어 놀이기구를 표현했고 시리얼로 표현한 것은 사람들, 그리고 놀이공원의 길, 매점들을 표현한 것이다.

작품 구성

	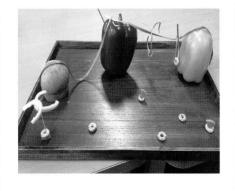
놀이동산에서의 추억	알록달록 테마파크에서의 일탈
◈ 구성 나를 힘이 나게, 정신이 번쩍 들고, 즐겁게 하는 게 무엇일까 생각하게 되다가 지난날 친구와의 추억이 생각나서 그 장면을 작품에 구상함.	◈ 재구성 놀이공원의 느낌을 더 나게 하기 위해 테마파크를 생각할 때 드는 생각이 알록달록 풍선, 깃발들이었다. 그래서 레몬, 당근을 추가하여 알록달록한 느낌을 더 표현했다.

◈ 다르게 해보고 싶은 점

놀이공원의 느낌이 조금 덜 나는 것 같다.

더 많은 푸드, 부재료를 사용해서 테마파크의 분위기를 물씬 나게 해주고 싶다. 예를 들면 동물 피겨를 사용하여 놀이공원 안에 있는 동물원도 표현 가능했을 것 같다.

◈ 회기 진행 중 성장점에 대한 통찰

작품을 구성하기 전에 나를 힘이 나게 하고 즐겁게 하는 것이 무엇인지 잘 몰랐다. 없는 걸까 하는 생각도 들었는데, 친구와의 추억이 생각나서 작품을 잘 구상할 수 있었다. 개강하고 3월 말쯤 친구와 함께 기분 전환하러 근처 놀이공원에 다녀온 적이 있다. 그래서 지금까지의 고민이 다 없어지는 것은 아니었지만 오래된 친구와 아무 생각 없이 그 순간을 즐기러 갔다 온 그날이 너무 행복하고 즐거웠고 또 힘이 나게 해줄 수 있는 날이었다. 친구와의 일탈 (여행)이 나에게 큰 의미가 있었다는 생각이 들었다.

| 내면의 불꽃-기타 작품 |

(작품 1) 나의 폭죽 불꽃

(작품 2) 봉화 불꽃

(작품 3) 연꽃처럼 피어나는 불꽃

(작품 4) 화려하게 퍼지는 우주 불꽃

작품 1 형형색색 표현된 폭죽 불꽃으로 폭죽놀이를 표현했는데 그 순간의 강렬한 에너지, 그리고 거기에 포함되어 있는 화려함, 아름다움을 다 포함하고 있다. 누구든지 불꽃놀이를 보면 아무 생각 없이 쳐다볼 만큼 화려함과 웅장함이 있는데 그러한 것을 표현한 작품이다.

작품 2 인생의 승리를 하기 위해 고난을 이겨내고 승리를 해낸 기분을 봉화 불꽃처럼 나의 삶이 대단하게 느껴지는 불꽃으로 표현했다.

작품 3 연못 속에서 오랫동안 내리고 있었던 뿌리와 열매를 함께 얻은 건강한 복을 받은 느낌의 불꽃을 표현하였다.

작품 4 화려하게 퍼지는 우주 불꽃은 나의 인생 과정에 많은 사람에게 의미 있는 에너지를 주고 싶고 또한 널리 퍼트리게 하고 싶은 불꽃이다.

PART 2

성장하는 나무

　인생을 살아가는 과정을 성장해 나가는 나무에 비유해 보자. 내 안에 뿌리를 내리고 있는 나무는 매시간 성장하고 있다. 자기 효능감이 높은 사람은 바람이 불고 역경이 몰아쳐도 욕구와 기대, 포부 수준을 조절하면서 자신의 자원과 정보를 조직하여 실제 목표를 향해 추진하는 능력을 발휘한다. 자기 비난에 빠지지 않고 꾸준히 경험을 늘려 간다. 성장하는 나무는 자신이 힘들었던 상황을 견뎌내고 나의 내적인 자원으로 무엇을 할 것인지에 대한 탐색을 하는 과정이다. 자신의 인생 여정 중에 가장 힘들었던 일들을 떠나보내고 성공 경험을 재경험한 후 성장하는 나무를 만들어 본다.

　반두라에 의하면, 성공적인 숙달 경험은 다양한 영역의 기능에 걸쳐서 증명된 효능감은 자기 효능감의 전이적인 재구조화를 산출할 수 있다고 한다. 자기 효능감은 전 생애적으로 발달해 가는 능력이며, 자기 효능감 중에서도 관계 효능감이 청소년의 생활 만족도를 결정하는 가장 중요한 변인으로 나타났다(박영신 등, 1999, 재구성).

　건강하게 성장하는 나무는 자신의 역경을 이겨내고 자신의 능력을 발휘하는 데 최선의 노력을 하고 있는 사람이다. 목표를 성취하기 위해서 실패에 대한 과거 경험은 자기 효능감의 가장 강력한 근원이 된다.

🔵 목표

① 자신의 스트레스 인식과 미해결 과제를 해결한다.

② 살아오는 동안 나의 미해결 과제를 해결한다.

③ 나의 욕구와 기대에 대한 탐색을 통해 성장하는 나를 지지하고 격려한다.

④ 자신의 역경을 이겨내고 건강하게 성장하는 나무를 받아들인다.

⑤ 자신의 성공과 목표 달성의 걸림돌을 찾아본다.

⑥ 다시 회복된 자신감의 근원을 찾고 재구성한다.

⑦ 재구성하여 만든 성장하는 나무를 맞이하고 의미에 대한 지지와 격려를 한다.

⑧ 나의 성장 목표를 확립한다.

🔵 준비물

여러 종류의 과자, 수수, 마시멜로, 자갈, 귤, 원두 가루(재활용), 색깔 과자, 호두, 방울토마토, 색전지, 부직포, 피규어, 포스트잇, 해바라기 씨앗, 낙엽, 포도, 미니 약과.

🔵 작품 활동 안내

① 자신이 실제로 겪었던 아픔과 고통이 있었는지 살펴본다.

② 그때의 힘든 상황을 기억하고, 힘들었던 상황을 겪은 힘든 나무를 구성한다.
   (꺾어진, 헐벗은 나무, 나뭇잎이 떨어져 앙상한 나무)

③ 제목을 붙이고 힘든 과정을 흘려보낸 감정을 떨쳐내고 힘든 과정을 이겨낼 수
   있었던 내면을 스토리로 구성하고 포스트잇에 적어 본다.

④ 소품으로 장식한 후 소감을 나눈다.

⑤ 건강하게 성장한 나무로 표현을 한다. (나뭇잎과 열매가 왕성한 나무, 뿌리와
   가지가 튼튼한 나무)

⑥ 성장하는 나무에 필요한 나무로 재구성하여 설치 작품을 만든다.

⑦ 옆 사람의 상처받은 나무와 성장하는 나무에 하고 싶은 말이나 필요한 물건을 푸드로 설치해 준다.

⑧ 옆 사람이 푸드로 만들어 준 작품에 대해 감상하고 긍정적인 성장점을 찾는다.

TIP

각자의 상처받은 나무를 만든 후 집단원의 나무에게 하고 싶은 말을 포스트잇에 적는다. 그리고 집단원의 상처받은 나무에 필요한 것을 직접 푸드로 민들어 주면서 재구성을 하고, 만들어준 의미와 응원하는 말로 지지와 격려를 한다.

주제	생명의 잉태를 기다리는 나무
작품 스토리 및 의미	현재 힘들었던 상황을 생각하고 보니 스트레스를 온몸으로 받아서 몸부림치는 커피 원두로 나무를 완성하게 되었다. 스트레스와 상처에서 벗어나기 위해 필요한 것을 보완하다 보니 지금까지 잘 버텨준 나무에게 고마움이 느껴지게 되었다. 힘을 내고 기운을 주기 위해 마시멜로와 수수로 만든 영양제와 편안한 힐링 음악을 들려주는 모습의 나무를 완성하였다. 건강한 수액도 맞고 건강해지고 있는 나무를 완성하니 조금은 기운이 난다. 재구성 2는 집단의 격려를 온몸에 받은 나무이다. 초록 잎을 만들어 주고 건강하고 기운 나는 호두알 열매를 달아 주었다.

작품 구성

스트레스로 몸부림치는 나무	영양제를 맞으며 강해지고 있는 나무	집단의 지지와 격려받은 나무

◈ 구성	◈ 재구성 1	◈ 재구성 2
매일 반복된 일상으로 스트레스가 많다는 것을 느끼면서 목표 성취가 일적인 면에 집중되어 있어 많은 스트레스로 어둡고 무거운 나무가 안쓰럽다.	나무야! 잘 버티고 여기까지 와줘서 고생했어. 너에게 힘을 줄 게. 맛있는 것도 먹고 영양제도 주고 너를 아끼고 사랑해 줄게. 힘내서 더욱 건강해지자!	조용한 것 같지만 고요함 속에 우렁찬 힘참이 있고, 그곳에 늘 축복이 넘칩니다. 쓰담쓰담! 생명의 소중함 속에 무럭무럭 자라거라.

◈ 다르게 해보고 싶은 점

성장하는 나무에 빨강, 노랑, 주황 색깔의 열매를 더 많이 달아 보고 싶다.

◈ 회기 진행 중 성장점에 대한 통찰

박사과정을 마치고 학업에 대한 쉼을 갖자라고 다짐했으나 끊임없이 공부에 대한 호기심을 채우기 위해 배우기를 멈추지 않고 일도 멈추지 않고 앞만 보고 나가는 내가 결국 쓰러졌던 경험을 탐색함. 집단원들의 격려와 지지로 성장점을 보게 되었다. 귤껍질로 열매를 만들어 밝음을 주고 마시멜로우와 원두알로 건강한 수액을 맞고 있는 나무와 그 옆에 즐거운 음악을 들으면서 휴식을 취할 수 있도록 집단원과 함께 이어폰과 오디오를 함께 구성하고 나니 건강한 성장이 느껴지고 긍정적인 사고 전환을 할 수 있었다.

| 성장하는 나무-기타 작품 |

(작품 1) 풍성하고 건강한 나무

(작품 2) 봄을 기다리는 겨울나무

(작품 3) 포도가 주렁주렁 열릴 나무

(작품 4) 쉼과 열정이 있는 버팀목 나무

작품 1 커피 가루로만 완성된 나무였으나 땅속까지 풍성하게 건강한 씨앗이 흙을 품고 알록달록 풍성한 열매를 맺은 건강한 나무.

작품 2 꽃과 잎이 없으나 추운 겨울에도 항상 튼튼한 뿌리를 내리고 있는 봄을 기다리는 벚꽃나무.

작품 3 예쁜 아가의 탄생을 기다리면서 결실을 기다리며 설레는 마음의 성장 나무.

작품 4 산전수전 겪어 내고 넓은 땅을 다지며 쉼과 열정으로 버팀목이 되어 주는 오렌지나무.

PART 3.

인생은 만남이다:
성공의 열쇠

"우리 만남은 우연이 아니야, 그것은 우리의 바람이었어!" 가수 노사연의 '만남' 노래 가사이다. 만나면 헤어지고, 헤어지면 다시 만나고. 헤어졌다가도 만날 사람은 반드시 어디에선가 만나게 된다. 인연이 필연이요! 필연이 인연이 된다. 살아가는 인생의 목적은 사람마다 다르다. 저마다의 삶의 목표 중 '성공하고 싶다'라는 바람을 가지고 목표를 세우고, 목표를 이루기 위함이 인생의 과정에 필수적이지 않을까? 앞만 보고 달려가는 사람들은 혼자서는 성공하기 힘들다. 성공적인 만남에는 그 과정을 빛내고 힘들었을 때, 좌절에 빠져 있었을 때 디딤돌 역할을 해준 만남이 존재한다. 일상 속에서도 지속적인 만남이 존재하고 잠깐 스치는 인연 속에서도 귀한 만남을 가질 수 있다.

인생은 만남이다! 중심이 초래한 것은 분명히 마지막까지 있을 것이고 처음부터 있었던 것이다. 괴테의 uroboros 모든 것은 처음부터 존재하고 있다는 것이다. 만날 사람은 꼭 만나게 된다는 말이다. 생명체 간의 만남은 우연이 아님을 알고 귀하게 여기는 마음으로 만나는 마음가짐은 생명의 연결성으로 생각하고 중요하게 여기게 된다.

🎯 목표

① 나에게 있어서 귀하고 존귀한 만남을 기억한다.

② 내가 생각하는 성공이란 무엇이라고 생각하는가?

③ 나의 욕구와 기대에 대한 목표를 확고히 한다.

④ 자신의 역경을 이겨낼 수 있는 자원을 찾아 성공 열쇠로 구성해 본다.

⑤ 자신의 성공과 목표 달성의 디딤돌을 찾아본다.

⑥ 나의 성공 경험을 찾고 재구성한다.

⑦ 재구성하여 만든 '성공 열쇠'와 만남에 대한 의미와 격려를 한다.

⑧ 나의 성공 스토리 중 만남에 대한 소중함을 되새기고 간직한다.

⑨ 내 안의 잠든 거인(나의 강점)을 발견하는 시간을 갖는다.

🎯 준비물

사과, 찹쌀, 딸기, 귤, 원두 알, 원두 가루(재활용), 색깔 과자, 호두, 방울토마토, 색전지, 부직포, 대추, 나뭇잎, 약과, 향초, 피규어, 나무 판, 색도화지.

🎯 작품 활동 안내

① 자신이 실제로 겪었던 성공적인 경험이 있었는지 살펴본다.

② 성공(목표 달성)하기까지 나에게 도움을 준 만남에 대한 스토리를 나눈다.

③ 내가 성공하기 위해서 지금 무엇을 해야 하는지 생각하고, 꿈을 이루기 위해 해야 할 일을 찾아보고 작품으로 구성해 본다.

④ 성공의 씨앗을 발아시켜낸 상황으로 생각을 변화시켜 본다.

⑤ 관계 속에서의 끌림을 생각해 보고 나의 단점과 결점을 사랑하고 나의 모순을 허용한 사람이 있는가에 대한 스토리를 나눈다.

⑥ '어떤 사람으로 기억되고 싶은가?'에 대한 나눔을 갖는다.

⑦ 나의 성공을 위해 필요한 신념에 대해서 이야기를 나눈다.

⑧ 상황, 운, 조건을 탓하기 전에 자신의 반응을 알고 스스로 결정을 내리기 위해 만다라 작업을 한다.

⑨ 나에게 필요한 '성공 열쇠'를 재구성해 본다.

⑩ 성공 열쇠와 만다라에 대해 나눔을 갖는다.

TIP

인생의 최고의 만남에 대한 탐색을 해본다. 내가 생각하는 성공과 지금까지 이룬 목표를 탐색하여 함께 기뻐하고 함께 축하하는 시간을 통해 자기만족을 할 수 있도록 지지한다. 최종적으로 어떤 사람으로 기억되기를 바라는지에 대해 탐색을 해보는 것으로 마무리한다.

주제	성공의 열쇠
작품 스토리 및 의미	학창 시절에 혼자 있는 것이 나에겐 즐거움이었다. 혼자서 수를 놓고 바느질을 하면서 시간 가는 줄 몰랐고, 혼자서도 잘하고 그것이 너무 편안했다. 혼자만의 곳간 열쇠를 쥐고 있어서 당당했다. 수놓기 손바느질, 다른 누구보다도 창의적이고 멋진 작품으로 뽐낼 수 있었으니까. 사회에 나오니 친구가 없다.

작품 구성

혼자만의 곳간 열쇠	**관계 속의 알록달록 초록 열쇠**
◈ 구성 나 홀로 집에 있을 때의 편안하고 즐거움을 표현함. 작품 구성 후 내 마음을 들여다보니 너 혼자 외로웠구나. 수를 놓으며 손을 쉬지 않고 바느질을 하는 데 집중을 하면서 즐거워했지만 주위에 사람이 없구나를 알아 차림.	◈ 재구성 혼자 있는 나와 관계적인 소통으로 자연을 좋아하고 그 속에서 타인들과의 소통이 즐겁고 행복함을 알게 되어 늦은 나이에 결혼을 하였다. 지금은 두 살 된 딸을 낳아 행복한 가정에서 미소 띤 개구리처럼 폴짝폴짝 뛰어놀 수 있는 발랄함과 푸릇푸릇한 분위기를 띄우는 나의 열쇠를 표현하였다.

◈ 다르게 해보고 싶은 점

결혼하기 직전에 전화로 자신의 고민을 털어놓았던 친구를 표현하고 싶다. 시댁 흉, 남편 흉을 실컷 털어놓은 친구를 걱정하고 함께 흉을 보곤 했는데, 오히려 나에게 화를 냈던 친구가 나의 열쇠를 만들 때 떠올랐다. 그 친구를 초록 잎으로 표현하고 싶다.

◈ 회기 진행 중 성장점에 대한 통찰

'어떤 사람으로 기억되고 싶은가?'를 생각하며 작품 재구성을 하면서 혼자 있음을 편안하게 생각하고 즐거움이라고 생각한 나를 면밀하게 들여다볼 수 있는 시간이었다. 혼자보다는 관계 속에서의 나의 손바느질도 빛이 나고 인정받음으로써 힘이 나고 있음을 알았다. 시댁 흉을 함께 봤던 그 친구도 그냥 화가 났을 때 들어줄 사람이 필요했지만, 한편으로는 자신의 처지에 대해 위로받고 싶었고 대화하는 과정을 통해 자신의 길을 찾아가고 있었던 것임을 알게 되었다. 그때는 나에게 화를 냈던 그 친구의 마음을 모르고 속상했지만, 지금은 그 친구가 이해가 되면서 나에게 필요한 성공 열쇠는 나의 발랄하고 창의적인 자기표현의 '알록달록 초록 열쇠'의 힘이다.

| 인생은 만남이다-성공 열쇠 기타 작품 |

(작품 1) 자연의 향기 열쇠

(작품 2) 폭신하고 상큼한 열쇠

(작품 3) 자물쇠를 여는 기도 열쇠

(작품 4) 숲속 발걸음 열쇠

작품 1 내가 상황과 조건을 탓하면서 우울하고 결정을 내리지 못한 채 고민 갈등이 있을 때 마음을 정화시키고 목표를 재설정하게 하는 '자연의 향기 열쇠'.

작품 2 상처받고 힘들어 하는 나의 마음을 폭신하게 감싸주었던 기억, 상큼함으로 정신을 번쩍 나게 하는 상큼한 열쇠.

작품 3 '이만큼 해냈어! 장하다!'라는 말을 들을 때도 허전함과 허탈감이 있었던 이유를 알게 한 기도 열쇠로 성공을 향해 가고 있는 내게 여전히 기도하고 있는 열쇠로 목표 지점에 굳게 닫혀 있는 '자물쇠를 여는 기도 열쇠'.

작품 4 두 발로 신발을 벗고 천천히 걸어가면서 숲속 향기를 맡는 '숲속 발걸음 열쇠'는 지친 나에게 맑은 영혼을 샘솟게 한다. 무엇보다도 복잡하게 얽힌 만남을 숲속을 거닐고 다닌 발걸음은 좋은 인연으로 미소 짓게 하는 열쇠이다.

3 ^부

푸드아트테라피의 심화 영역

동 행   손잡고 함께 가요
        이해하고…
        사랑하고…
        배려하고…

FOOD
ART THERAPY

CHAPTER

06

가족 울타리와 나

맞이하기

맞이하기 단계에서의 효율적인 상담 기술은 상담자 자체의 편안한 자세와 태도. 생태학적인 감수성, 자연주의 테이블 세팅, 안전한 분위기 조성 등이며 인위적으로 뮤노하시 않아도 내면의 김징과 생각으로 심리적인 위로와 마음의 안정감을 주는 '**손발이 따스해진 나, 말을 건네는 나**'를 생각하며 맞이하기를 준비하였다.

가족의 소중함을 알고 감사한 마음 전하기!
가족이란 함께 가야 할 평생의 동반자.
감사하고 사랑합니다!

PART **1.** ●

가족 속의 나: 감정 표출

눈을 감고 지금 이 순간 화가 났던 순간을 떠올려 보고, 왜 화가 났는지, 그 대상은 누구인지, 화가 난 상황에서 나는 어떤 행동을 했는지 그때의 감정을 시원하게 표출해 내는 시간이다. 겉으로 드러난 감정 뒤에 가장 근본적인 인간의 욕구가 있다. 인간의 가장 중요하고 강한 욕구는 인정받고 사랑받고 싶은 욕구이다. 그 욕구가 결핍되었을 때 우리는 분노라는 감정을 만나게 된다. 격파가 쉬운 뻥튀기, 라면, 후르트링, 달걀껍데기 등 친근한 재료를 이용하여 자유롭게 놀이처럼 감정을 표출하면서 분노를 폭발시킬 수 있는 좋은 기회를 제공한다. 이때 느끼는 또 다른 감정은 내면의 카타르시스를 경험하게 하는 작업이다.

❖ 목표

① 내 안에 분노 감정을 떠올려 보고 언제 화가 나는지 자신을 이해하는 시간을 가져 본다.

② 분노 감정을 풀 수 있는 기회를 통해 내면에 또 다른 기대가 있음을 이해한다.

③ 사람들에게는 다양한 감정들이 있음을 이해하고, 그것을 솔직하게 표현하는 것이 건강한 자신과의 만남임을 통찰하고 긍정성을 회복한다.

④ 자기의 감정뿐 아니라 타인의 감정까지 이해하는 객관적인 사고를 키운다.

⑤ 현재 갖고 있는 다양한 감정에 대해 느끼고 그 감정의 주인 또한 자신임을 인식한다.

⊕ 준비물

하늘색 도화지, 후르트링, 파프리카, 솔방울, 플라스틱 통.

⊕ 작품 활동 안내

① 나에게 의미 있는 한 사람 한 사람을 떠올려 보고 가족이 가지고 있는 어려움이 무엇인지 떠올려 본다.

② 현재 나의 삶에서 영향을 주고 있는 두려움과 분노의 감정을 인지한다.

③ 우리 가족이 갖고 있는 장점과 자원을 알아보고, 또 어떤 문제와 갈등이 있는지 잘 생각하는 시간을 갖는다.

④ 준비한 재료를 가지고 내면의 부정적인 감정을 시원하게 표출해 본다.

⑤ 누구로부터 상처를 받았는지 그 당시 대상을 떠올리며 그때의 감정을 느껴보도록 한다.

⑥ 상처받은 감정을 나는 누구에게 투사되는지를 알아차림 한다.

⑦ 부정적인 감정들을 어떻게 하고 싶은지 스스로에게 물어본 후 잠시 시간을 갖는다.

⑧ 부정적인 감정들을 찾아보고 그 감정들을 표출해 보는 재구성의 기회를 맞는다.

⑨ 내면의 감정들을 쏟아버린 후 느껴지는 내면을 나누고 마음밭의 찌꺼기를 비워 버리는 경험을 통해 새로운 감정을 느끼게 한다.

⑩ 가족 간 올바른 의사소통의 필요성과 역할의 중요성을 이해한다.

TIP

분노 감정을 표출할 때는 어떤 재료든 쌓아 놓고 그때 감정을 외치면서 산산이 부서지도록 행동하고, 또 주먹으로 내리치도록 한다. 그 순간 내면이 시원해지는 카타르시스를 경험하도록 유도한다.

주제	분노 표출하기
작품 스토리 및 의미	남의 말을 듣고 날 오해했다! 그 사람에 대한 실망감? 미안하다는 말하기가 어려울까? 등의 문장들이 수업 내내 다시 떠올랐고 이런 마음들이 내 마음 한 구석에 자리 잡고 있었는지 괜찮다 하면서도 정리가 되질 않았는지 쉽게 표현이 되질 않았다. 그렇지만 용기 내어 이번엔 정말 이런 얽히고설킨 마음들을 버리고 싶어 나(솔방울), 너, 물음표(어떤 관계였니??)를 표현했고, 우선 언니에 대한 미묘한 여러 가지 마음, 감정들을 채우고 또 채워 표현한 후 기다렸다.

작품 구성

 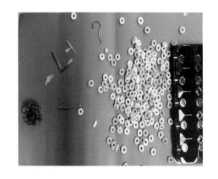

응어리진 감정	시원한 감정
◈ 구성 불편했던 감정들을 모아 보니 10가지나 되었다. 보고 있으니 답답하고 불편했다.	◈ 재구성 그동안 언니에 대한 내 마음속에 자리하고 있었던 10가지의 감정을 시원하게 쏟아버렸다. 가슴이 뻥 뚫리고 시원했다.

◈ 회기 진행 중 성장점에 대한 통찰

나는 마음이 깨지는 느낌을 받았다. 하나의 일로 깨진 것보다 천천히 조금씩 깨져나간 것 같다. 내가 회기를 진행하면서 표현하고 나니 먹먹하고 아팠다. 쏟아내 버리고 나니 시원하고 편했다.

| 분노 표출하기 – 기타 작품 |

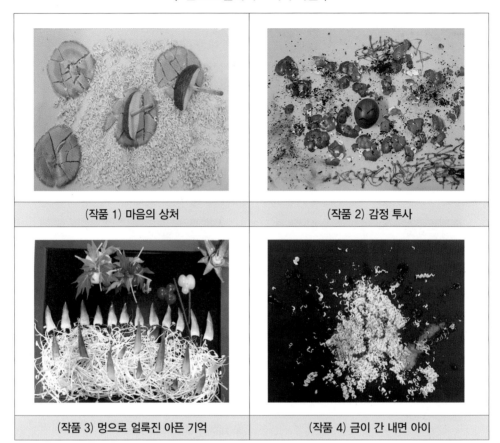

| (작품 1) 마음의 상처 | (작품 2) 감정 투사 |
| (작품 3) 멍으로 얼룩진 아픈 기억 | (작품 4) 금이 간 내면 아이 |

작품 1 가족들로부터 받은 상처가 가장 큰 것 같다. 아직도 가슴속에 화살 같은 존재들로 남아 있다.

작품 2 내 감정을 평소에 표출을 하지 않고 쌓아 두는 편이다. 그것을 다스리지 못하여 제일 피해를 보고 있는 건 우리 아이들에게 미안함을 표현.

작품 3 어렸을 적 아버지가 회초리도 아닌 가죽 벨트를 그 자리에서 풀어 때렸다. 뱀이 지나가 듯 시퍼렇게 멍들어 친구들에게 들킬까 봐 긴바지를 입고 학교에 갔던 기억이 내 마음 속에 아직도 남아 있어 분노를 표현.

작품 4 어릴 때 받은 상처들을 표현하고 나니 내 내면 아이는 이렇게 깨진 마음을 붙이지도 못 하고 금이 간 상태로 아슬아슬하게 버텨왔구나! 회복하고 싶은 마음에 라면과자를 부 시고 하나씩 깨고 나니 점점 힘이 실리고 수프를 흩뿌리고 케첩을 뿌릴 때 카타르시스 를 느꼈다.

PART **2.**

가족과 함께한 추억

나의 인생에서 가족이란 어떤 의미로 자리하고 있는가? 가족은 최소 단위이고 가장 중요한 조직이기도 하다. 가족과 함께했던 잊지 못할 순간을 표현하는 과정에서 자신을 느끼고, 함께 나누고 함께 가야 할 가족의 의미를 새삼 기억하게 함으로써 내면의 에너지를 느끼는 시간을 갖는다. 가정 안에서 여러 가지 일들을 생각하며 나누는 과정에서 각자의 생각을 재정리하는 시간과 자신의 위치와 상황에 대해 다시금 감사함과 긍정적인 사고들로 재인식하고 존재의 의미와 가족의 사랑을 체험한다.

가족관계에서 행복했던 내면을 들여다보는 활동을 통해 가장 근본적인 욕구는 사랑받고, 인정받고 싶은 욕구임을 인지할 수 있다.

목표

① 가족의 소중함을 인식한다.

② 가족 간의 긍정적인 의사소통에 대해 나눈다.

③ 가족을 이해하고 사랑하고 있음을 깨닫는다.

④ 가족 안에서 나의 역할과 가족 간의 행복을 위한 계획을 세운다.

⑤ 살아오면서 경험했던 소중한 추억이 우리를 행복하게 하듯, 지금 우리가 살아가면서 겪는 많은 것들이 우리에게 또 다른 행복한 추억이 될 수 있다는 사실을 깨닫게 한다.

⑥ 가족의 단합과 결속력을 다지며 작품 활동을 하는 동안 창의력과 예술적 감수성
   을 체험한다.

😄 준비물

커피 가루, 쌀 튀밥, 검정콩, 팥, 건빵, 쌀, 보리쌀, 나뭇잎, 깻잎, 당근, 브로콜리,
버섯, 후르트링, 비틀즈, 오이.

😄 작품 활동 안내

① 가족과 가장 행복했고 잊지 못할 순간을 표현하는 과정에서 긍정성과 행복한 감
   정 속에 빠져봄으로써 함께 나누고 함께 가야 할 가족의 의미를 새삼 기억하게
   함으로써 내면의 에너지를 느끼는 시간을 갖는다.
② 가족의 내면을 탐색하고 서로 사랑하고 있음을 알아차림하고 감사와 긍정성을
   회복하게 한다.
③ 늘 함께하면서도 소홀히 해온 가족과 가장 소중한 자기 자신과의 만남이 얼마나
   소중한 것인지를 느끼고 되돌아볼 수 있도록 한다.
④ 주어진 매체를 가지고 가족이 가장 행복했던 순간을 표현하고, 그때의 감정에
   다시 빠져 본다.
⑤ 집단원들에게 가족의 역할과 특성에 대해 소개해 보는 시간을 갖는다.
⑥ 가족의 장점과 문제 상황에 대해서도 나눈다.
⑦ 가정 안에서 여러 가지 일들을 생각하며 나누는 과정에서 각자의 생각을 재정리
   하는 시간과 자신의 위치와 상황에 대해 다시 감사함과 긍정적인 사고들로 재인
   식하고, 발표하고 나누는 과정에서 존재의 의미와 가족의 사랑을 체험한다.
⑧ 부모, 자녀를 있는 그대로 받아들이는 공감의 중요성을 이해한다.
⑨ 아쉬웠던 순간을 다시 재구성의 기회를 갖는다.
⑩ 가족의 구성, 역할, 다름을 인정한다.

TIP

가족 구성원들의 친밀, 소원, 갈등, 정도를 매체를 이용하여 심리적 거리를 표현해 봄으로써 가족 간의 관계를 볼 수 있도록 한다. 집단원들의 비슷한 추억과 경험들에 대해 함께 그 시절로 돌아가 즐겁게 이야기하고 공유하면서 행복한 여행을 떠난다.

주제	가족과 함께한 추억
작품 스토리 및 의미	가족 여행을 많이 다니지 않아서 무엇을 표현할까를 한참 망설인 끝에 작년에 배 타고 갔던 제주도 여행을 표현했다. 힘들고 어려움은 있지만 다녀와서 추억해 보니 많은 일들이 주마등처럼 스친다. 여행은 언제나 행복과 에너지를 충전해 주는 값진 시간이었다,

작품 구성	

행복한 동행	나의 반쪽과 함께
◈ 구성 여름에 가족이 배 타고 여행했을 때를 표현.	◈ 재구성 남편과 둘만의 커플 티를 입고 여행을 떠나고 싶은 마음을 다시 표현해 봤다.

◈ 다르게 해보고 싶은 점

다음에 살아생전 기회를 만들어 친정 엄마와도 함께 여행을 하고 싶다.

◈ 회기 진행 중 성장점에 대한 통찰

나는 여행을 남편과 둘이 해본 기억이 없었다.

남편과 둘만의 여행을 표현하고 나니 왠지 가볍고 느낌이 좋은 건 뭘까?

다음에 꼭 실천해 보고 싶다.

(작품 1) 화려한 휴가

(작품 2) 함께 바라보는 세상

(작품 3) 가족 정원

(작품 4) 잘 통하는 자매

작품 1 여름휴가 때 남해 마리나 펜션에 놀러가 즐겁게 보냈던 추억을 잊을 수가 없다. 언젠가 다시 꼭 가고 싶은 곳.

작품 2 고등학교 수능을 보기 전까지 나를 온전히 믿고 이해하며 나의 미래에 대해 함께 고민하고 힘든 여정을 같이 걸어가고 바라봐 준 사랑하는 가족.

작품 3 식목일 날 가족이 다 같이 앞마당에 나무와 꽃을 심고 행복했던 기억.

작품 4 각자 결혼해 가까운 거리에 살면서 지금도 잘 지내고 있는 나와 동생은 어린 시절부터 유난히 잘 통해 늘 함께 놀이하며 행복했던 어린 시절을 표현.

3.

어머니 우리 어머니

누구에게나 어머니라는 존재는 우리 삶 속에서 가장 가슴 깊은 곳에 자리하고 있다.

어린 시절 우리의 기억 속의 어머니는 각자 다른 기억과 다른 이미지를 가지고 있을 것이다. 언제나 자식만을 위해 희생을 온전히 감당하시고 자식의 건강과 행복을 위해 기도하시는 우리의 어머니. 반면 상처로 섭섭함과 미움의 감정을 품고 사는 사람들도 많을 것이다. 사랑하는 마음과 미움의 마음이 공존하는, 그럼에도 어머니의 사랑은 깊고 위대하다. 어쨌든 자신이 이처럼 성장해오는 과정에 가장 큰 영향을 준 어머니의 자리를 재조망해 보고 그분과의 깊은 만남의 시간을 가져 보는 것만으로도 의미 있는 시간이 될 것이다.

⁂ 목표

① 나의 어머니에 대한 생각을 새로이 자각한다.

② 어머니도 한 인간으로 어머니의 삶을 되돌아보고 받아들인다.

③ 어린 시절 상처가 있다면 자신을 위로하고 상처를 어루만진다.

④ 내 안에 있는 여러 감정들(미안함, 죄책감, 사랑, 감사)을 솔직하게 표현하고 어머니와의 관계를 새롭게 맺는다.

⑤ 어머니의 사랑은 위대하다. 그 사랑에 다시 한번 감사의 마음을 전하는 편지 쓰기를 하여 본다.

준비물

딸기, 청경채, 깻잎, 구운 감자, 향초, 색지, 팽이버섯, 예감. 느타리버섯, 마이구미, 꿈틀이.

작품 활동 안내

① 눈을 감고 우리의 어머니에 대한 생각에 빠져 본다. 떠오르는 감정을 있는 그대로 맞이 한다. (감사했던 일, 잘못했던 일, 서운했던 일)
② 눈을 뜨고 집단원들에게 나의 어머니에 대해 소개하는 시간을 갖는다.
③ 준비한 재료를 가지고 지금 그대로의 느낌을 표현한다.
④ 또 어머님께 드리고 싶은 마음(선물, 정성)을 표현한다.
⑤ 집단원들과의 나눔을 통해 어머니의 상을 재조명하고 진실된 마음을 전한다.
⑥ 어머니 우리 어머니, 사랑하고 존경하는 마음이 전달되는 느낌을 경험한다.
⑦ 집단원들의 어머니에 대한 마음을 표현하는 활동을 통해 잠시 내려놓고 있었던 부모님에 대한 감사와 사랑을 느끼고, 가정마다의 색깔과 정서를 들여다보는 시간을 경험한다.
⑧ 어머니와의 새로운 관계를 형성한다.
⑨ 세상의 모든 우리 어머님들께 감사함을 전하는 시간을 갖는다.
⑩ 재구성의 시간을 갖고 다시 집단원들과 우리들의 어머니에 대한 나눔을 한다.

TIP

이 시간 어머니께 감사와 사랑의 메시지를 전하는 시간을 가져 보는 것도 의미 있는 일이다. 집단원들 스스로 경험을 통해 깨닫게 하는 것이 중요하므로 기회를 준다. 또한, 어머니께 드리는 상장을 만들어 보게 한 후 집단원들의 작품을 한 자리에 놓고 나눈다.

주제	나의 어머니
작품 스토리 및 의미	카네이션을 표현하였다. 엄마에 대한 감사함을 표현하고자 했다. 늦은 사춘기로 인해 엄마에게 상처를 많이 줬다. 그 시절에 엄마는 나의 방황을 지켜봐 주고 믿고 받아주었다. 그 믿음 덕에 머지않아 방황을 끝내게 되었고, 엄마와 더 애틋한 모녀가 되었다.

<table>
<tr><td colspan="2" align="center">작품 구성</td></tr>
</table>

카네이션	나의 어머니
◆ 구성 카네이션을 왜 표현하고 싶었는지는 잘 모르겠지만 엄마 생각하면 눈물이 난다. 미안하고 감사하고, 사랑합니다.	◆ 재구성 감사한 마음을 카네이션으로 표현하고 나니 엄마가 많이 보고 싶어서 우리 엄마를 다시 재구성.

◆ 다르게 해보고 싶은 점

카네이션을 좀 더 화려하고 예쁘게 표현했다면 어땠을까 하는 아쉬움이 있다.

◆ 회기 진행 중 성장점에 대한 통찰

한참을 멍하게 앉아 있다가 문득 너무 당연하게 생각했던 엄마가 어느 누구보다 내 인생에서 가장 중요한 영향을 준 사람이라는 것을 깨닫게 됐다. 나는 과연 엄마가 되었을 때 엄마가 보여 준 믿음만큼 내 아이에게 보여 줄 수 있을까 하는 생각도 하면서 내 인생을 잡아준 엄마에게 너무 감사한 마음이 들었다.

| 어머니 우리 어머니 – 기타 작품 |

(작품 1) 어머니 시어머니께 드리는 밥상

(작품 2) 멋쟁이 시어머니

(작품 3) 엄마에 대한 감사함과 사랑 표현

(작품 4) 하늘에 계신 엄마를 떠올리며

작품 1 어머니와 시어머니를 동시에 모시고 식사 대접을 한 적이 없다는 걸 알게 되었다. 어머니가 좋아하는 생선에 생고기를 표현한 밥상을 만드는 내내 나의마음은 따뜻하고 행복했다.

작품 2 항상 자식들 걱정에 본인은 챙기시지 못하고 항상 호호 하하 웃으시면서 역정도 내지 않으시고 긍정적으로 자식들을 보살피시는 멋쟁이 시어머니.

작품 3 지금까지 힘든 일 하시면서 키워주셨는데 효도도 못 하고 여행도 같이 가보지도 못한 미안함에 앞으론 항상 꽃길만 걷고 행복하셨으면 하는 마음으로 표현.

작품 4 나를 이해하고 공감해 주고 아픔을 나눌 수 있는 사람은 그리 많이 있지는 않은 것 같다. 지금은 하늘에 별이 되어 빛나고 계실 우리 엄마.

CHAPTER

07

관계 속의 나의 사랑과 우리

맞이하기

맞이하기 단계에서의 효율적인 상담 기술은 상담자 자체의 편안한 자세와 태도, 생태학적인 감수성, 자연주의 테이블 세팅, 안전한 분위기 조성 등이며, 인위적으로 유도하지 않이도 내면의 감정과 생각으로 심리적인 위로와 마음의 안정감을 주는 '**함께 더불어 관계 맺기를 잘하고 싶은 나!**'를 생각하며 맞이하기를 준비하였다.

수많은 관계 속에서 나는 어떤 모습으로
관계 맺기를 하고 있는가?
수용과 배려

PART 1

생명의 그물: 태몽

대대로 내려오는 태몽은 임신 여부와 성별을 점쳐 왔다. 태몽의 씨앗이 주는 의미는 크다. 우리는 마음속에 어떤 긍정적인 사고를 하고 살아가는지에 대해 우리 인생의 미래가 밝아지기도 하고 그렇지 않을 수도 있다. 마음밭에 어떤 씨앗을 심고 가꾸느냐에 따라 열매를 수확하는 결과는 다르다. 긍정적인 사고는 긍정적인 결과를 맺는다. 우리는 우리 인생의 길을 선택하고 결정하는 자유가 있다. 내가 나를 어떻게 생각하느냐에 따라 많은 변화가 있을 것이다. 자신의 존재를 대단하다고 인식하고, 늘 그런 믿음을 가지고 현재 내가 어떤 생각을 가지고 어떤 방향을 바라보며 가느냐가 미래 나의 모습을 결정 짓는 중요한 열쇠가 되지 않을까 생각한다. 대부분의 사람들은 꿈이 있다. 매일 도전해야 하고 꿈을 이루며 살아가야 한다. 자신의 태몽을 바탕으로 미래에 어떤 사람이 될 수 있을지 생각해 보자.

🎯 목표

① 자신의 태몽에 대해 이해한다.
② 자기 미래에 대한 신뢰를 심어 주어 성공적인 삶을 설계한다.
③ 지난 시간보다 현재 '지금' 삶에 충실히 한다.
④ 새로운 일에 대한 도전 의식과 꿈을 가지고 살게 한다.
⑤ 세상을 바라볼 때 긍정적인 사고와 긍정의 힘을 믿게 한다.

⑥ 나의 태몽을 알아보고 나를 소중하게 인식한다.

⊕ 준비물

오이, 고추, 노란 보자기, 색지, 설탕, 당근, 김.

⊕ 작품 활동 안내

① 내가 생각하는 나의 태몽, 자녀의 태몽에 대해 집단원들과 이야기를 나눈다.
② 태몽에 대한 의미와 믿음에 대해 생각하는 시간을 갖는다.
③ 태몽에 대해 생각하고 의미에 대해 느낌 나누기를 한다.
④ 각자 주어진 재료를 가지고 태몽의 의미와 그때의 상황, 느낌을 표현한다.
⑤ 표현한 작품에 대해 집단원들과 나누며 긍정적인 사고와 긍정의 힘을 믿는다.
⑥ 나는 사랑받기 위해 태어났음을 인식한다.
⑦ 태몽에 대한 기억이 없다면, 자신에 대한 믿는 만큼 새로이 구성해 본다.
⑧ 부모 입장에서 자녀를 잉태하고 낳았을 때 느낌과 감정을 푸드로 나타내고, 느낌과 감정을 이야기하는 시간을 통해 자녀를 사랑하고 있음을 인지시킨다.
⑨ 내가 태어났을 때 부모는 어떤 기분이었을까를 스스로가 표현하고 나누는 과정에서 특별한 감정과 부모님에 대한 감사의 느낌을 다시 재정의하는 시간을 갖는다.
⑩ 부모, 자녀 서로에게 긍정적인 메시지를 전하는 활동을 하고 나눈다. 태몽의 의미와 그때의 상황, 느낌을 표현한다.

TIP

태몽과 관련해서 지금 나의 삶과의 연결고리를 찾아 표현해 보고 이야기를 나누는 과정에서 영향을 간접적으로 확인해 볼 수 있다.
자신의 태몽을 생각해 보면서 긍정적인 느낌의 제목 정해보기.
예: 하늘로 승천하는 용. 탐스런 큰 복숭아 등등.

주제	태몽 이야기
작품 스토리 및 의미	평소에 꿈을 자주 꾸는 편은 아닌데, 둘째 딸을 낳았을 때의 기억에 남는 꿈은 포도를 맛있게 먹는 나를 보았습니다. 그래서 그때는 몰랐지만 지금은 그 꿈이 태몽이라고 느껴져서 표현해 보았습니다. 다른 아이들은 황금 해에 태어났다고들 하는데, 그러지를 못한 딸아이에게 돈도 많이 벌고 앞날이 빛나고 사랑받으면서 살아가라는 마음에서 노란 보자기를 바탕으로 깔아서 표현하였습니다.

작품 구성

황금 보자기

◈ 다르게 해보고 싶은 점

딸아이에게 새로운 구성으로 긍정적인 태몽 이야기를 해줄 걸 하는 아쉬움이 남는다. 긍정적인 말 한마디가 딸아이에게 얼마나 큰 영향을 미치는지를 자각하는 시간이었다.

◈ 회기 진행 중 성장점에 대한 통찰

지금까지 예쁘게 잘 성장했는데 앞으로도 지금처럼 잘 성장하면 좋겠고, 항상 사랑한다고 말해주고 싶다.

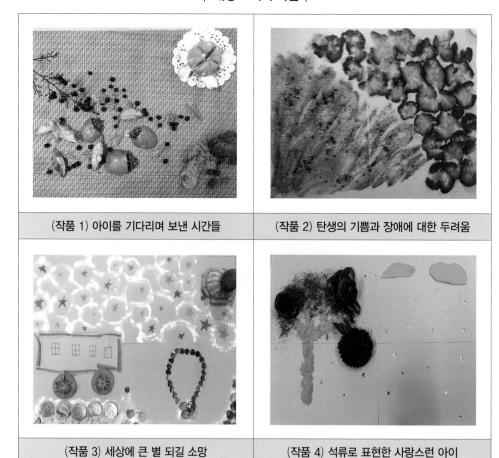

(작품 1) 아이를 기다리며 보낸 시간들

(작품 2) 탄생의 기쁨과 장애에 대한 두려움

(작품 3) 세상에 큰 별 되길 소망

(작품 4) 석류로 표현한 사랑스런 아이

작품 1 첫 아이를 임신하고 가졌던 흥분된 기분, 10달 동안 태교일기를 쓰며 보냈던 기다림의 시간들, 어떻게 생겼을까 하는 설레는 마음을 표현.

작품 2 몸 관리가 안 된 상태로 임신이 되어서 혹시 장애를 가지고 태어날지 모른다는 두려움과 임신이라는 기쁨을 동시에 나타낸 양가감정.

작품 3 우리 세 명의 아이들의 태몽은 신기하게도 모두 다 금을 주제로 한 스토리입니다. 그래서 자기들의 태몽의 의미처럼 세상에서 가장 빛나는 큰 별들. (귤과 딸기로 표현)

작품 4 화사한 날 큰 나무에 아주 큰 석류 열매를 보고 행복하고 벅찼던 그때의 마음을 표현.

PART 2.

비 오는 날의 추억

누구에게나 인상적인 기억이 있지만, 날씨와 관련된 추억들이 많이 있을 것이다. 그 중에 비와 관련한 추억, 비를 떠올리면 떠오르는 이미지가 모두 다를 수 있다. 그때 그 추억으로 돌아가 기억을 떠올리며 그때의 순수하고 밝았던 자신과 만나는 소중한 경험을 하는 시간이다. 우산이 없어 비를 맞아본 경험, 여행에서 갑자기 비를 만난 경험, 비가 오는 날 할머니가 해주시던 부침개, 친구와 함께 그냥 비가 좋아 빗속을 거닐었던 경험, 비 올 때 함께 했던 가족, 친구, 대상에 따라 느낌은 다르겠지만 느끼는 감정은 추억으로 행복을 보상받는 의미 있는 시간이 될 것이다.

⊞ 목표

① 자신이 살아오면서 비와 관련해 경험했던 기쁨과 행복을 현재로 가져와 다시 느껴 보도록 한다.

② 내 안에 긍정적인 자원이 많이 있음을 알게 하고 현재 어려움을 다른 각도에서 바라볼 수 있는 여유와 가능성을 갖게 하여 긍정적인 자신을 보게 한다.

③ 자신에 대한 긍정적인 기대를 갖는다.

④ 내 안에 감수성을 찾아내어 효과적으로 활용할 수 있도록 능력을 인정한다.

⊞ 준비물

국수, 초코구슬과자, 꽃잎, 제크, 나뭇잎, 통나무 도막, 후르트링, 색지.

⊞ 작품 활동 안내

① 조용히 눈을 감고 비 오는 추억으로 시간 여행을 한다.

② 행복했던 순간들을 떠올려 본다.

③ 잊지 못할 행복했던 추억을 주어진 재료를 가지고 솔직하게 표현해 본다.

④ 진행 과정에서 느끼는 감정을 있는 그대로 받아들인다.

⑤ 추억 속에 함께했던 재미있는 순간에 대해서는 그때 그 시절로 돌아가 그 느낌을 그대로 느껴 본다.

⑥ 각자 주어진 재료를 가지고 비오는 날의 행복했던 추억을 표현한다.

⑦ 작품이 완성된 후 돌아가면서 자신의 작품에 대한 설명과 그에 따른 의미를 부여하는 시간을 갖는다,

⑧ 아쉬웠던 점이나 후회스러웠던 점은 다시 재구성해 본다.

⑨ 다양한 감정들을 끌어내어 그 시절 문화와 감정에 빠져 본다.

⑩ 가족, 친구의 소중함을 다시금 인지하고 자기 자신과의 긍정적인 만남이 얼마나 소중한 것인지를 느끼고 되돌아볼 수 있도록 한다.

TIP

비에 대한 부정적인 경험과 특별한 느낌에 대해서도 표현하고 나누도록 자연스럽게 장을 열어 줌.

주제	비 오는 날의 추억
작품 스토리 및 의미	국수를 이용해서 비 오는 날의 추억을 그려 본다. 장대비, 우박, 소나기, 굵고 시원하게 내리는 비를 좋아한다. 비가 떨어지며 내는 소리들도 사랑한다. 빨래가 마르지 않는다며 싫어하는 우리 엄마, 난 빨래 걱정을 해본 적이 없다. 그저 좋았다.

작품 구성

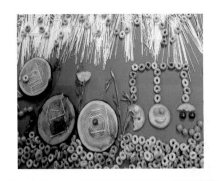

함께한 추억	선물하고 픈 추억
◈ 구성 비를 원래 좋아하는 나. 어머니와 함께한 추억 하나. 비가 오면 용기가 난다. 그저 좋았고 행복했다.	◈ 재구성 우리 아이들에게도 비 오는 날 엄마와의 추억을 선물하고 싶다.

◈ 다르게 해보고 싶은 점
남편과 아이들과 함께 비를 맞으며 자연을 즐겨 보고, 자연이 얼마나 소중하고 아름다운지 함께 이야기해 보고 싶다.

◈ 회기 진행 중 성장점에 대한 통찰
어릴 때 비가 오는 날을 추억하며 어린 시절을 회상해 보니 내가 좋아하는 것 하나를 알게 되었다. 친정 엄마와 노천탕에서 비를 맞았던 경험이 비에 대한 예쁜 추억으로 기억된다.

| 비 오는 날의 추억 – 기타 작품 |

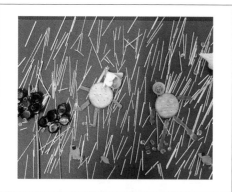
(작품 1) 토란잎 우산과 물방울

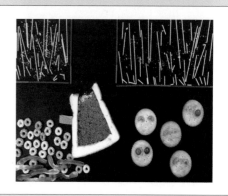
(작품 2) 비 오는 날 아스팔트를 걸었던 기억

(작품 3) 무등산 드라이브하던 추억

(작품 4) 학창 시절 그리운 선생님

작품 1 어린 시절 비 오는 날이면 처마 밑에 앉아서 옥수수며 고구마 먹던 추억에 젖어 듭니다. 마루에 앉아서 밖을 바라보다가 우산도 없이 비 맞으면서 동생들과 마당에서 첨벙첨벙 뛰어놀던 추억.

작품 2 중, 고등학교 시절 시골이라서 버스 편이 많지 않아서 걸어가는 날이 많았던 단발머리 소녀.

작품 3 비 오는 날이면 늘 가족들과 함께하는 일정, 무등산 드라이브, 날아갈 듯 좋은 그 날의 내 기분.

작품 4 고등학교 시절 비 오는 날 커피 한 잔만 준비하면 창밖을 보며 옛이야기를 해 주시던 멋진 최○○선생님! 선생님의 말 한마디에 깔깔깔 웃던 학창 시절.

PART 3

존경과 사랑의 메시지

우리는 세상을 살아가는데 수많은 사람과의 관계 속에 살아간다. 나를 이해하고 공감해 주고 아픔을 나눌 수 있는 사람은 그리 많이 있지는 않은 것 같다. 나는 살아가면서 가장 소중하고 가장 가까운 사람들을 어떻게 대하고 있는가? 너무 가깝다는 이유로 함부로 대하지는 않았는지, 지금 이 순간 재정리를 해야 할 때인 것 같다.

나에게 가장 소중한 사람이 누구인지, 나를 가장 필요로 하는 사람이 누구인지, 내가 사랑하는 사람은, 나를 가장 사랑하는 사람은… 대부분의 사람에게 있어 가장 소중하고 사랑해야 할 대상은 가족일 것이다. 때론 추억 속의 학교 은사님도 계실 것이고, 학교생활, 사회생활 등 여러 가지 활동을 하다 보니 사람들이 거미줄에 걸린 것처럼 서로서로 연결되어 있다. 그 연결된 줄이 맞닿아 또 다른 관계 형성을 만들어 주는 것 같다.

🎯 목표

① 소중한 사람에 대한 새로운 인지를 한다.
② 관계에 대한 소중함을 일깨운다.
③ 함께하는 관계 속에 하나가 되는 것을 알게 한다.
④ 주변과 에너지를 나누고 함께 함으로써 큰 힘의 위력을 경험한다.
⑤ 서로의 사랑을 확인하고 나누면서 깊은 만남을 경험한다.
⑥ 존경의 대상에 대한 마음 표현하기를 한다.

🎯 준비물

색지, 새우, 가래떡, 오징어땅콩, 마이구미, 양파링, 칸초, 꽃, 향초.

✨ 작품 활동 안내

① 내 인생의 가장 의미 있는 대상을 떠올려 본다.

② 그 대상과의 추억을 회상한 후 있는 그대로 느낌을 받아들인다.

③ 준비한 재료를 가지고 대접하는 마음으로 정성껏 표현한다.

④ 표현된 작품을 집단원들과 나누고 그때의 감정을 느껴 본다.

⑤ 감사함과 미안함이 공존함을 알아차리고 사랑하는 마음, 감사의 마음, 존경의
　마음을 느껴 본다.

⑥ 자기 내면 깊숙이에 있는 정서를 들여다본 후에 자신의 기대와 자신의 진정한
　열망을 알아차림 한다.

⑦ 지금 이 순간 감사의, 사랑의, 축하의 메시지를 보내는 전달의 시간을 갖는다.
　전달 후 받는 메시지는 집단원들과 공유하면서 서로 격려한다.

⑧ 전달받은 대상이 내 인생에 어떤 영향을 주었고, 나의 삶이 어떤 변화를 경험
　했는지도 사건에 대해 시간적 흐름에 따라 생각해 보고 나눈다.

⑨ 진행자는 집단원들의 내면에 누군가를 존중하고 배려하는 마음이 있음을 칭찬
　해 준다. 서로서로 그런 마음을 지지하고 격려하도록 장을 마련해 준다.

⑩ 나의 마음을 담아 지금 내 마음속에 있는 그분께 진심 어린 감사의 편지를 쓰는
　시간을 갖는다.

TIP

서로 이야기를 할 때는 서로의 말을 자르거나 끼어들지 않도록 하고, 가능하면 부정적인
이야기보다 긍정적인 이야기를 나누도록 유도한다.
우리가 가족이라는 이름 아래 가까운 사람일수록 마음을 표현하기가 쉽지 않다.
자녀에게 마음 전하기. 부모님께 마음 전하기. 특히 배우자에 대한 마음 전하기.
자신의 이야기를 솔직하게 할 수 있는 기회를 갖는다면 크게 감동을 경험하는 장이 될 것
이다.

주제	존경과 사랑의 메시지
작품 스토리 및 의미	며칠 전 저에게 한 분밖에 없는 유일한 아주버님이 세상을 떠나셨습니다. 글로 표현하지는 못하지만, 아주버님에 대한 감사한 마음, 존경하는 마음, 죄송한 마음 등을 표현했습니다. 예쁜 것, 좋은 것만을 좋아하는 우리 아주버님에게 평소에 좋아했던 몇 가지 음식을 표현하였습니다. 꽃과 음표는 우리 아주버님 가시는 길 아무 탈 없이 행복했던 기억만 가지고 꽃길로 걸어가시기를 바라는 마음…. 아주버님! 감사했고 마음속에 깊이 간직하며 살겠습니다.

작품 구성

즐거운 마음	대접하고 싶은 마음
◈ 구성 여러 가지 감정들이 마음을 힘들게 하지만 가시는 길 안녕을 기원하며 제 마음속 불편했던 모든 것들도 함께 떠나보냅니다.	◈ 재구성 좋아하시던 음식 많이 대접해 드리고 싶습니다. 꽃길만 걸으십시오.

◈ **다르게 해보고 싶은 점**

잘 차려진 밥상으로 대접해 드리고 싶다.

◈ **회기 진행 중 성장점에 대한 통찰**

살아가면서 남을 미워할 수 있다. 그렇지만 나중엔 그게 자기에게 미움이 아픔이 되어 돌아올 수 있다는 걸 느꼈습니다. 이제는 관계 속에서도 미움이 아닌 사랑, 너그러운 마음, 이해할 줄 아는 사람이 되도록 더욱더 노력해야 할 것 같아요.

| 존경과 사랑의 메시지 – 기타 작품 |

(작품 1) 어머니 생신 축하 상차림

(작품 2) 멋쟁이 우리 할머니

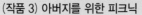

(작품 3) 아버지를 위한 피크닉

(작품 4) 존경하는 나의 반쪽

작품 1 며칠 후면 시어머니 70번째 생신이십니다. 자식들 위해서라면 무엇이든 내어주시는 우리 어머님 미리 생신 축하드립니다.

작품 2 나를 홀로 키우시느라 고생하신 할머니! 지금 많이 편찮으셔서 걱정입니다. 세상에서 제일 예쁘고 존경하는 우리 할머니, 오래오래 곁에 계셔 주세요.

작품 3 꽃 피는 봄이 오면 병원에 계신 아버지를 모시고 가족 소풍 나들이 계획이다. 평소 좋아하시는 과일을 대접해 드리고 싶다.

작품 4 늦깎이 대학원 공부를 하겠다는 나의 꿈을 지지해 준 나의 남편에게 감사의 마음을 담아 준비한 상차림.

08

독서와 푸드아트테라피

맞이하기

맞이하기 단계에서의 효율적인 상담 기술은 상담자 자체의 편안한 자세와 태도, 생태학적인 감수성, 자연주의 테이블 세팅, 안전한 분위기 조성 등이며, 인위적으로 유도하지 않이도 내면의 감정과 생각으로 심리적인 위로와 마음의 안정감을 주는 생각을 하며 '**무등 도서관 가는 길**'로 맞이하기를 준비하였다.

내 인생에 도움이 되었던 책 한 권은?
나에게 감동을 준 시 한 편, 기억에 남는 영화를 떠올려 보아요.

PART 1.

책과 함께하는 푸드아트테라피

책과 함께하는 푸드아트테라피는 독서가 가진 치료적 기능을 극대화하여 자아 통합과 더불어 건강하고 성숙한 삶을 관리할 수 있도록 한다. 문학 작품을 통해 나 자신에 대해 성찰하는 기회를 갖고, 푸드아트테라피를 통해 자아 찾기, 자아 초월, 긍정적 사고 전환으로 자기 효능감을 향상할 수 있는 기회를 갖는다.

책을 읽고 난 후 책의 내용에 대한 토론을 하면서 독서 효능감 향상과 함께 독후 활동을 푸드 매체를 활용하여 푸드아트테라피를 진행하는 활동이다. 독서의 치료적인 요소와 푸드아트테라피적 요소가 만나 또 다른 시너지 효과를 낼 수 있는 테라피이다.

책 속의 내용과 푸드아트테라피를 놀이적 요소를 가미하여 진행할 수도 있고, 독서의 다양한 장르를 활용할 수 있으며 독후활동을 통해 심리적인 위로의 푸드아트테라피 활동으로 역동을 끌어낼 수 있다.

🎯 목표

① 책을 읽고 나서 푸드 활동을 통해 개인에 대한 동일화의 원리로 특정 인물의 태도나 감정, 행동을 자기의 것처럼 느낄 수 있고 받아들일 수 있다.
② 독서가 가진 치료적 기능을 푸드아트테라피를 통한 독후 활동으로 통찰을 극대화.

③ 독후 푸드아트테라피를 통해 자기이해 증진 및 정서적인 카타르시스와 문제 해결력 증진.

④ 우리에게 친근한 소재인 음식 재료를 활용하여 만드는 사람에게 최상의 창의성과 상상력을 발휘할 수 있다.

⑤ 적극적이고 자발적인 행동을 하는 가운데 책 속 주인공과의 동일시로 감정을 정화할 수 있다.

⑥ 오감을 활용하여 열린 감성을 극대화할 수 있으며, 우울, 불안, 열등감, 수치심, 대인관계의 어려움을 공감하고 내적 치유를 경험할 수 있다.

⑦ 식품 재료로 작품을 완성하여 시각화하면서 자신이 미처 알지 못했던 인식과 감정을 지각할 수 있게 된다.

⑧ 책을 읽고 싶은 마음과 자기 표현력 향상에 도움이 된다.

⑨ 작품이 완성되면서 '해냈다'라는 느낌과 함께 자기 효능감이 증진된다.

⑩ 책을 읽고 자유로운 상상 활동을 통해 구성, 해체, 재구성이 시각적으로 활발하게 이루어짐으로 최상의 정서적인 상태에 도달하게 되어 자기 치유가 가능하다.

⊞ 준비물

후르츠링, 색깔 과자, 원두알 커피, 별과자, 채소, 칼과 가위, 도마, 곡식류, 우드락, 기타 소품 등.

⊞ 작품 활동 안내

① 내 인생의 가장 감명 깊은 책을 선정하고 관련된 책을 읽고 오도록 한다.

② 주제와 관련된 책을 선정하여 읽고 오도록 한다.

③ 책의 내용에 대해 나누는 시간을 갖는다.

④ 책 속 내용 중 인상 깊었던 내용, 중요한 장면이나 주인공에 대한 치료적인 요소 등에 관심을 두고 의견을 나눈다.

⑤ 내담자의 이해를 돕기 위하여 계획된 활동들을 중간에 끼워 넣음으로써 토론을 중지할 수도 있다.

⑥ 책 내용에 대하여 정서적으로 건강하지 못한 반응이나 심각한 걱정거리를 보이면 조정해 주고 완화시켜 준다.

⑦ 각자 읽어온 책에 대한 내용에 맞게 푸드 재료를 선정하고 작품을 제작한다.

⑧ 작품을 구성하면서 새롭게 발견한 내용으로 구성과 재구성을 통해 작품을 만든다.

⑨ 재구성한 내용을 토대로 창의적인 작품을 만들면서 치유적인 요소를 끌어낸다.

TIP

책 속에 나오는 주인공들과 중요한 사항들을 검토하는 부분에 대해 토의하고 도와준다.
주인공이 어떤 방식으로 행동하도록 이끄는지의 동기에 특별한 관심을 기울이게 한다.
통찰과 관련된 발문을 할 수 있도록 한다.
이 작품을 구성하고 나서 새롭게 알게 된 점은 무엇인가? 책을 읽고 책 속의 내용이 내 인생에 어떤 영향을 미칠 것인가?
새로운 통찰을 통합하려면 무엇을 해야 할까를 생각해보는 시간을 갖는다.

주제	《강아지 똥》을 읽고
작품 스토리 및 의미	"더럽다고 퉤퉤" 침을 뱉고, 아무도 거들떠보지 않는 강아지 똥, 세상에서 버림받았다고 아무짝에도 쓸모없는 더러운 똥이라고 자책하고 슬퍼할 때 자신의 거름이 되어 달라고 요청하는 민들레의 마음에 와락 눈물을 쏟았던 장면이 기억에 남았다.

작품 구성

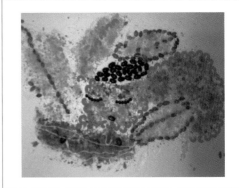

"어머나! 그러니? 정말 그러니?"	"와락! 고마워!"
◈ 구성 아무도 거들떠보지 않고 심지어 참새들도 강아지 똥을 무시하고 피하는 상황에서 쓸모없는 자신을 한탄하는 강아지 똥에게 "내가 꽃을 피우기 위해 너가 필요해"라는 말에 강아지 똥의 감탄사와 함께 자신의 살아 있는 존재감이 느껴지는 말이다.	◈ 재구성 쓸모없는 자신을 한탄하고 있을 때 "나는 너가 정말 필요해"라는 말을 듣고 기쁨과 감동으로 '와락' 민들레를 품어주면서 "너에게 내가 필요하다니 정말 고마워" 비가 함께 내리면서 흐물해진 강아지 똥이 민들레의 뿌리로 스며드는 장면은 너무나 감동이었다. 누군가에게 필요한 존재가 되어 줄 수 있는 것은 세상을 살아가는 또 하나의 행복임을 알게 하였다.

◈ 다르게 해보고 싶은 점

민들레 가족과 친구들도 함께 만들어서 더 많은 기쁨을 주고 함께 느끼고 싶다.

◈ 회기 진행 중 성장점에 대한 통찰

작품 구성과 재구성을 통해 과연 나는 '나의 몸뚱이를 고스란이 녹여서 나의 온몸을 녹아들게 할 수 있을까?'를 나에게 물어보는 계기가 되었다. 하찮은 나라고 쓸모없는 나라고 반문할 때가 많았는데 나를 하찮게 볼 때는 한없이 작아지는 작은 마음에 쪼그라드는 마음만 볼 수 있었음을 알았다. 좀 더 커다란 마음으로 좀 더 넓은 눈으로 세상을 보면 나를 필요로 하는 사람도 더 많아질 것임이 확실해 지고 있음을 알게 된 계기가 되었다.

| (작품 1) 아낌없이 주는 나무 | (작품 2) 민들레꽃을 품은 홀씨! |

| (작품 3) 세상에서 제일 힘센 수탉 | (작품 4) 네모상자 속의 아이들 |

작품 1 아낌없이 주는 나무는 우리 엄마 아빠의 사랑과 닮았다. 나는 받기만하는 소년 같다. 엄마의 헌신적인 사랑을 느낄 수 있었고 그래서 나는 행복하다.

작품 2 강아지 똥이 씨앗을 품고 세상에 퍼트러서 생명을 주고 민들레꽃을 피우는 자랑스러운 민들레 홀씨.

작품 3 나이가 들고 힘이 없어져 실의에 빠진 수탉에게 아내인 암탉이 "힘을 내요 여보! 당신을 닮은 아들과 딸이 있잖아요. 당신은 여전히 힘이 있는 우리 집 멋진 가장이에요."라며 용기를 주는 모습은 본받을 만한 장면이다.

작품 4 모든 것들이 갖추어진 상자, 다만 안에서 밖으로 나올 수 없는 네모상자 속의 아이들을 읽으면서 통제받고 싶지 않은 아이들의 마음을 공감하게 되었다.

PART 2.

시와 함께하는 푸드아트테라피

시를 읽고 영화를 보는 것 자체가 힐링이다. 마음에 와닿는 시는 갈등을 풀어 주고 마음을 정화시켜 카타르시스적인 치료적 기능을 극대화하여 자아 통합과 더불어 건강하고 성숙한 삶을 관리할 수 있도록 한다.

들녘의 풀 한 포기를 바라보고 마음이 동화되어 한 편의 시로 승화될 때의 기쁨, 시를 통한 자신에 대해 성찰하는 기회를 갖고, 푸드아트테라피를 통해 자아 찾기, 자아 초월, 긍정적 사고 전환으로 자기 효능감을 향상할 수 있는 기회를 갖는다.

시를 읽고 난 후 독서의 치료적인 요소와 푸드아트테라피적 요소가 감성적이고 함축적인 시와 만나 또 다른 시너지 효과를 낼 수 있는 테라피이다. 한 편의 시를 감상하고 심리적인 위로의 푸드아트테라피 활동으로 역동을 끌어낼 수 있다.

❀ 목표

① 시를 읽고 시의 내용을 뛰어넘어 자신과 세상에 대한 정감 어린 시선을 가지게 된다.

② 시가 가진 치료적 기능을 푸드아트테라피 활동으로 통찰을 극대화한다.

③ 시 속에 담긴 운율과 푸드아트테라피를 통해 자기 이해 증진 및 정서적인 카타르시스와 억눌린 감정 해소.

132   08. 독서와 푸드아트테라피

④ 우리에게 친근한 소재인 음식 재료를 활용하여 만드는 사람에게 최상의 창의성
   과 상상력을 발휘할 수 있다.

⑤ 시의 감성과 동일시로 감정을 정화할 수 있다.

⑥ 오감을 활용하여 열린 감성을 극대화할 수 있다.

⑦ 시적인 감성을 공감하고 내적 치유를 경험할 수 있다.

⑧ 식품 재료로 작품을 완성하여 시각화하면서 자신이 미처 알지 못했던 감정을
   지각할 수 있게 된다.

⑨ 자기 표현력 향상에 도움이 된다.

⑩ 작품이 완성되면서 '해냈다'라는 느낌과 함께 자기 효능감이 증진된다.

⑪ 시를 읽고 푸드 작품에 몰두하고 자유로운 상상 활동을 통해 구성, 해체, 재구성
   이 시각적으로 활발하게 이루어짐으로 최상의 정서적인 상태에 도달하게 되어
   자기 치유가 가능하다.

⊙ 준비물

후르츠링, 색깔 과자, 원두알 커피, 별과자, 채소, 칼과 가위, 도마, 마늘종, 우드
락, 기타 소품, 음악, 자갈, 빼빼로.

⊙ 작품 활동 안내

① 가장 기억에 남은 시를 낭송한다.

② 주제를 선정하여 관련된 시를 추천할 수도 있다.

③ 시 내용에 대해 감상하고 느낌을 나누는 시간을 갖는다.

④ 인상 깊었던 글귀나 마음에 드는 시를 치료적인 요소 등에 관심을 두고 의견을
   나눈다.

⑤ 시 내용에 대하여 정서적으로 건강하지 못한 반응이나 심각한 걱정거리를 보이
   면 받아들이고 함께 찾아주면서 해냄을 지지해 주고 격려해 준다.

⑥ 각자 선정한 시의 내용에 맞게 푸드 재료를 선정하고 작품을 제작한다.

⑦ 작품을 구성하면서 새롭게 발견한 내용으로 구성과 재구성을 통해 작품을 만든다.

⑧ 재구성한 내용을 토대로 창의적인 작품을 만들면서 치유적인 요소를 끌어낸다.

⑨ 음악을 들으면서 몸으로 표현한 행동을 보고 제목을 공유하고 푸드 작품을 구성해 본다.

⑩ 작품 재구성 후 기억에 남는 시, 감동적인 장면 등에 대한 나눔을 갖는다.

TIP

• 정현종 시인의 < 방문객 >
"사람이 온다는 건 실은 어마어마한 일이다/한 사람의 일생이 오기 때문이다."

• 나태주 시인의 < 풀꽃 >
"자세히 보아야 예쁘다/오래 보아야 사랑스럽다/너도 그렇다."

• 이은상 시인의 < 사랑 >
"탈대로 다 타시오/타다 말진 부디 마소/타고 다시 타서/재 될 법은 하거니와/타다가 남은 동강은/쓸 곳이 없소이다."

• 홍난파 작곡 동요 < 햇볕은 쨍쨍 >
"햇볕은 쨍쨍 모래알은 반짝/모래알로 떡 해 놓고/조약돌로 소반 지어/언니 누나 모셔다가 맛있게도 냠냠".

주제	엄마야 누나야 !
작품 스토리 및 의미	내가 가장 기억에 남는 시는 김소월 시인의 〈엄마야 누나야 강변 살자〉이다. 이유는 어렸을 때 이 시를 읽으면 너무 편안한 느낌이 들었고 엄마에게 강변에 살자고 조르는 느낌이 아닌 우리 행복해지자는 의미로 다가왔다.

작품 구성

엄마야 누나야!	행복해지자!

◈ **구성**

김소월

엄마야 누나야 강변 살자 ♪ ♬

뜰에는 반짝이는 금모래 빛

뒷문 밖에는 갈잎의 노래

엄마야 누나야 강변 살자 ♬ ♪

먼저 그릇 아래 돌을 놔두어 약간 기울게 만들어 물을 부어서 물이 옆으로 고일 수 있게 만들었고, 그 위에는 소금을 뿌려 강변의 느낌을 만들고 싶었다. 곳곳에 조약돌을 놔두었고 집 모양을 연상시키고자 그릇 안에 향초를 놔두어 은은한 분위기를 선물하고 싶었다.

◈ **재구성 ♪ ♬**

시를 표현하는 작품에 내 이름과 시인의 이름을 종이에 써서 물 위에 띄웠더니 비록 종이가 물이 젖어 오랜 시간 띄워둘 순 없었지만, 내 시에 대해 효과적으로 팀원들에게 전달할 수 있어 행복해지는 마음이 느껴졌다.

◈ **다르게 해보고 싶은 점**

예쁜 꽃과 나비, 물고기도 함께 꾸미고 싶다.

◈ **회기 진행 중 성장점에 대한 통찰**

어렸을 때부터 좋아했던 〈엄마야 누나야 강변 살자〉라는 시를 오랜만에 작품을 하면서 낭송하니 느낌이 이상하면서도 행복한 과거들이 떠오르기도 하고 기분이 좋았다. 나쁜 마음가짐이라면 아무리 좋은 것을 보더라도 예쁜 마음가짐을 한 사람만큼 좋은 생각과 좋은 에너지를 가질 수 없을 것이다. 예쁜 시, 예쁜 글, 예쁜 푸드 예술이 아름답고 행복하다.

| 시와 함께하는 푸드아트테라피 −기타 작품 |

(작품 1) 개구쟁이 놀이

(작품 2) 타오르는 사랑

(작품 3) 봄이 오면

(작품 4) 햇볕은 쨍쨍

작품 1 "우리 같이 놀아요. 춤을 추며 공을 차면 놀아요." 친구가 오면, 친구가 함께 공놀이 하고 줄넘기하고 숨바꼭질했던 추억이 함께 온다.

작품 2 "탈대로 다 타시오. 타다 말진 부디 마소." 외면된 사랑이 함께하기를 바라면서.

작품 3 "봄이 오면 산에 들에 진달래 피고 진달래 피는 곳에 내 마음도 피어."

작품 4 "햇볕은 쨍쨍 모래알은 반짝 모래알로 밥해 놓고, 조약돌로 소반 지어 언니 누나 모셔 다가 맛있게도 냠냠!" 시를 감상하고, 어린 시절 추억 속의 소꿉놀이.

3.

영화·드라마·패러디 활용한
푸드아트테라피

영화를 보고 드라마를 보는 것 자체가 힐링이다. 집중을 하고 영화를 보는 동안 마음의 갈등을 풀어 주고 영화나 드라마 속 주인공처럼 자신의 삶을 다시 한번 돌아볼 수 있는 시간이 되기도 한다.

영화 한 편을 보고 나면 숨막혔던 가슴이 시원해지는 기분을 맛보기도 한다. 푸드아트테라피는 감정을 정화하고, 갈등을 풀어내고 혼자만의 시간 속에서 되새김질을 할 수 있는 계기가 될 수 있는 매체이다. 이러한 매체를 통한 감정의 변화에 대해 서로 이야기를 나누고, 마음 변화에 대해 나눔을 하면서 푸드아트테라피로 표현을 함께하는 것은 또 다른 자신을 찾아가는 변곡점을 찾을 수 있는 계기가 될 것이다.

영화와 드라마를 통한 자신에 대해 성찰하는 기회를 갖고, 푸드아트테라피를 통해 자아 찾기, 자아 초월, 긍정적 사고 전환으로 자기 효능감을 향상할 수 있는 기회를 갖는다. 여기에 영화와 드라마 속 주인공이 되어 보기를 한다거나 내용을 패러디하여 푸드아트테라피를 한다면 내 안의 갈등을 풀고 내 마음 안에 있는 잠재력을 발견할 수 있을 것이다. 한 편의 영화를 감상하고 심리적인 위로의 푸드아트테라피 활동으로 내 안에 잠들어 있는 역동을 끌어내어 보자.

🎲 목표

① 영화·드라마의 내용을 뛰어넘어 자신과 세상에 대한 또 다른 시선을 가지게 된다.

② 드라마와 영화의 치료적 기능을 푸드아트테라피 활동으로 통찰을 극대화한다.

③ 영화 속에 담긴 내용과 푸드아트테라피를 통해 자기이해 증진 및 정서적인 카타르시스와 억눌린 감정 해소.

④ 우리에게 친근한 소재인 음식 재료를 활용하여 만드는 사람에게 최상의 창의성과 상상력을 발휘할 수 있다.

⑤ 영화를 보고 주인공과의 동일시 감정을 느낄 수 있다.

⑥ 오감을 활용하여 열린 감성을 극대화할 수 있다.

⑦ 드라마의 감성을 공감하고 내적 치유를 경험할 수 있다.

⑧ 식품 재료로 작품을 완성하여 시각화하면서 자신이 미처 알지 못했던 감정을 지각할 수 있게 된다.

⑨ 자기 표현력 향상에 도움이 된다.

⑩ 작품이 완성되면서 '해냈다'라는 느낌과 함께 자기 효능감이 증진된다.

⑪ 명화와 영화, 드라마의 내용을 패러디하여 푸드 작품에 몰두하고 자유로운 상상 활동을 통해 구성, 해체, 재구성이 시각적으로 활발하게 이루어짐으로써 최상의 정서적인 상태에 도달하게 되어 자기 치유가 가능하다.

🎲 준비물

색깔 과자, 원두커피 가루, 별과자, 채소, 칼과 가위, 도마, 마늘종, 상추, 소품 음악, 나무쟁반, 꽃소금, 쵸코하임, 색도화지, 무, 감자칩, 바나나 껍질, 국수, 참외.

🎛 작품 활동 안내

① 가장 기억에 남은 영화, 드라마를 선택한다.

② 주제를 선정하여 관련된 시를 추천할 수도 있다.

③ 영화 내용에 대해 감상하고 느낌을 나누는 시간을 갖는다.

④ 인상 깊었던 글귀나 마음에 드는 영화를 치료적인 요소 등에 관심을 두고 의견을 나눈다.

⑤ 영화 내용에 대하여 정서적으로 건강하지 못한 반응이나 심각한 걱정거리를 보이면 조정해 주고 완화시켜 준다.

⑥ 각자 선정한 영화 내용에 맞게 푸드 재료를 선정하고 작품을 제작한다.

⑦ 작품을 구성하면서 새롭게 발견한 내용으로 구성과 재구성을 통해 작품을 만든다.

⑧ 재구성한 내용을 토대로 창의적인 작품을 만들면서 치유적인 요소를 끌어낸다.

⑨ 음악을 들으면서 푸드 작품 제목을 공유하고 푸드 작품을 재구성한다.

⑩ 작품 재구성 후 기억에 남는 영화의 감동적인 장면 등에 대한 나눔을 갖는다.

TIP

• 명화 – 레오나르도다빈치 〈모나리자〉, 뭉크 〈절규〉, 고흐 〈별이 빛나는 밤에〉
• 영화 – 〈하울의 움직이는 성〉, 〈양들의 침묵〉

주제	명화 〈모나리자〉 패러디
작품 스토리 및 의미	명화를 선택하는 데 있어서 고민한 결과 〈모나리자〉를 선택하게 되었는데, 이유는 모나리자의 표정이 눈은 웃음기 하나 없이 차가운 느낌인데 입은 살짝 웃고 있는 모습이 왠지 이중적인 느낌과 모습이 느껴져 씁쓸한 마음으로 '패러디로 변화를 주리라'는 생각을 하고 선택하게 되었다.

작품 구성

무표정의 모나리자

확실하게 웃는 모나리자

◈ **구성**

명화를 선택하는 데 있어서 고민의 결과 〈모나리자〉를 선택하게 되었는데, 이유는 모나리자의 표정이 눈은 웃음기 하나 없이 차가운 느낌인데 입은 살짝 웃고 있는 모습이 왠지 이중적인 느낌이 들고, 요즘 주변에서 흔히 볼 수 있는 사람들의 앞과 뒤가 다른 이중적인 모습이 느껴져 씁쓸한 마음으로 '패러디로 변화를 주리라'는 생각을 하고 선택하게 되었다.

◈ **재구성**

패러디를 하면서 모호한 표정을 짓고 있는 모나리자를 활짝 웃고 있는 모습으로 변화를 주며 '역시 웃는 것이 좋은 것'이라는 사실을 다시 한번 느꼈고, 그림에서 모나리자가, 그리고 많은 사람이 마냥 웃지 못하는 것이 생각이 많아 그런 것이 아니냐는 생각이 패러디하는 과정에서 나뭇잎에 X자를 표시에 생각을 그만하자는 느낌 또한 표현해 보았다.

◈ **다르게 해보고 싶은 점**

예쁜 꽃으로 웃는 친구들을 만들고 싶다.

◈ **회기 진행 중 성장점에 대한 통찰**

무표정의 모나리자를 '확실하게 웃어라!'로 패러디를 했다. 조금 덧붙여 보면 '생각 말고 확실하게 웃어라!'이다. 나는 잘 웃는 내가 좋다! 모호한 사람들의 표정은 정말 싫어하고 있는 나를 보게 되었고 패러디를 통해 웃는 내가 아주 좋았다.

(작품 1) 하늘에서 헤엄치는 고래

(작품 2) 양의 궁전

(작품 3) 가족과의 추억 여행

(작품 4) 별이 빛나는 밤

(작품 5) 뭉크 패러디

(작품 6) 고흐의 해바라기

작품 1 영화 초반에 소피가 골목길을 걸어가다 하울과 만나 약간의 일이 생긴 후 가볍게 하늘을 나는 장면이 나오는데 그 장면을 떠올리며 작품을 표현하다 보니 두둥실 넓은 바다에서 뿐만 아니라 하늘에서도 헤엄치는 큰 고래를 표현하였다. 바람에 순항하며 날고 있는 그리고 잔잔한 음악이 가볍고 산뜻한 기분으로 〈하울의 움직이는 성〉을 패러디함.

작품 2 스릴러 영화 〈양들의 침묵〉을 패러디함. 영화 내용과는 다른 즐거움과 따스함으로 표현하고자 하였다. 양의 심장은 활활 타고 있다. 양의 몸통에 있는 길을 따라 걷다보면 입으로 갈 수 있다. 양의 입을 표현한 소라 안에 물이 흐르고 있다. 소라 안에 있는 물은 작품의 마른 분위기를 신선하게 바꿔 보고자 하여 표현하였다. 양의 궁전과 같이 뜨거운 심장으로 무엇이든 열심히 하는 자세를 갖게 되었다.

작품 3 〈가족끼리 왜 그래〉 드라마를 떠올리며 나의 가족이 챙겨진다. 나이가 들어가면서 살아온 기억들을 되돌아보며 가족을 들여다보며 봄, 여름, 가을, 겨울에 있었던 일들을 생각해 보니 일상의 사소한 생활, 캠핑, 낚시, 모닥불, 가족들과의 추억이 하나의 필름처럼 스쳐 간다.

작품 4 명화 빈센트 반고흐의 〈별이 빛나는 밤〉을 똑같이 구성해 보고자 소금과 커피 가루를 활용하였다. 캄캄한 밤하늘에 별이 반짝반짝 빛이 나고 있음을 표현하면서 밤하늘의 별을 하나, 둘, 셋, 헤아리고 있는 나의 내면의 어린아이를 만났다.

작품 5 실제 명화인 뭉크의 〈절규〉는 뭉크가 두 친구와 함께 피오르드 해안과 도시가 한눈에 보이는 다리 위를 걸어가다 피오르드 해안 너머로 눈길을 돌려보니 갑자기 하늘이 핏빛으로 변하더니 불타는 구름이 푸른빛 도시와 해안가를 집어삼키는 것을 보고 공포에 떨며 서 있던 뭉크는 자연을 뚫고 나오는 헤아릴 수 없는 끝없는 비명을 들었다고 한다. 이때 뭉크는 극심한 공포와 불안을 느꼈다. 여기서 그 무서움을 표현한 뭉크와 다르게 어린아이가 푸근한 가을의 여운이 아직 가시기도 전에 하늘에서 하얀 눈이 떨어지는 것을 보며 순수하게 놀라며 자연의 신비함에 신기해함을 표현하면서 묘한 통쾌함을 맛보았다.

작품 6 명화 고흐의 〈해바라기〉를 재구성해 보았다. 강렬한 노랑과 밝은색의 해바라기를 담아 놓은 꽃병을 무를 얇게 저며서 만들고, 꽃병 아래쪽에 꽃소금을 깔고 보니 조금은 단아하고 수수해 보이는 해바라기로 보였다. 차분하고 말 없는 나의 이미지와 닮았다.

09

야외 푸드코디와 이벤트

맞이하기

맞이하기 단계에서의 효율적인 상담 기술은 상담자 자체의 편안한 자세와 태도, 생태학적인 감수성, 자연주의 테이블 세팅, 안전한 분위기 조성 등이며, 인위적으로 유도하지 않아도 내면의 감정과 생각으로 심리적인 위로와 마음의 안정감을 주는 '너른 바위와 강물, 싱그런 풀'을 생각하며 맞이하기를 준비하였다.

나에게 가장 편안한 공간은 어디인가요?
나의 내면이 안전하게 숨을 쉬고 차 한잔을
여유 있게 마실 수 있는 장소를 찾아보아요.

1.

파티를 위한 푸드아트테라피

파티에는 어김없이 음식이 등장한다. 파티의 성향에 따라서 다양한 음식이 차림새를 달리한다. 이 장에서는 특별한 날을 기념하기 위한 푸드아트테라피 활동을 중심으로 푸드아트테라피 체험을 통해 다양한 작품을 만드는 활동을 하는 동안 함께하는 사람들과의 친밀감뿐만 아니라 활발한 분위기를 통해 자신의 내면 탐색을 하고 자기 효능감을 향상할 수 있다.

식품을 매체로 예술과 놀이를 하는 동안 자신의 스트레스를 해소하기도 하고. 함께하는 사람들과의 정서적인 교류를 통해 긍정적인 사고 전환과 친밀한 교류 활동을 즐길 수 있다.

즐겁고 행복했던 크리스마스를 떠올리며 행복감을 충전하고 새해에 대한 기대감과 설렘을 함께 만나는 시간을 갖는 장을 만든다. 또한, 야외 푸드 코디를 통한 푸드아트테라피 작품 활동은 실내에 한정하지 않고 자연과의 교감을 통해 생태학적인 감수성이 증진되고 바람과 숲과 풀향기가 풀풀 나는 자유로운 공간에서의 자율성이 함께 한다면 파티의 즐거움은 특별한 이벤트로 충만 하는 시간과 함께 다채로운 표현 활동이 될 것이다.

🎯 목표

① 파티를 통해 몸과 마음을 살리는 힐링을 할 수 있다.
② 자연 속에서의 치유와 회복을 할 수 있다.
③ 파티를 통한 푸드아트테라피를 통해 즐거움과 셀프 힐링을 할 수 있다.
④ 파티를 즐기며 자신의 에너지 회복에 대한 탄력성을 인식한다.
⑤ 누군가의 즐거움을 받아 주고 찾아줄 수 있다.
⑥ 파티를 통한 푸드아트테라피를 통해 스트레스를 해소할 수 있다.
⑦ 해냄을 확인하고 자기 효능감을 확인한다.
⑧ 파티를 통한 푸드아트테라피 활동을 통해 창의성과 놀이성, 유희성이 향상된다.

🎯 준비물

방울토마토, 파프리카, 상추, 레몬, 칼과 가위, 도마, 무, 연근, 당근, 미나리, 부추, 감자, 후르츠링, 나무 쟁반, 삶은 호박, 두부, 깻잎, 달걀프라이, 기타 반찬.

🎯 작품 활동 안내

① 가장 기억에 남았던 파티에 대한 나눔을 갖고 스토리 구성을 한다.
② '가장 기억에 남는 성탄절'에 대한 스토리를 나눈다.
③ 가장 기억에 남는 생일 파티를 회상해 보고 나눔을 갖는다.
④ 내가 꾸미고 싶은 파티 상차림에 필요한 재료를 선택한다.
⑤ 작품 구성하는 동안 조력자로 함께 머무르기를 한다.
⑥ 파티에 필요한 것을 구성하고 상차림을 한다.
⑦ 제목을 붙이고 내가 차린 파티 상차림에 초대하고 싶은 사람을 초대하고, 하고 싶은 말과 듣고 싶은 말을 한다.
⑧ 더 필요한 부분에 소품으로 장식한 후 소감을 나눈다.
⑨ 오늘 새롭게 발견한 파티를 통한 푸드 활동을 재구성하여 설치 작품을 만든다.

내가 꾸미고 싶고 먹고 싶은 푸드로 파티 상차림을 해본다. 차려 주고 싶은 밥상, 생일상, 성탄절 파티 상차림.

주제	파티를 위한 푸드아트테라피
작품 스토리 및 의미	파티를 위한 상차림은 생일상이 떠오른다. 매번 바쁘다는 핑계로 가족들 생일상을 차려 주지 못해 미안함이 많았는데 가족을 위한 생일상을 소소하게 차려 보고 함께 작업한 집단원들과 함께 상차림을 해보니 더욱더 만족된 파티 상차림이 되어 나눔의 기쁨을 두 배로 가지게 되었다.

작품 구성

넝쿨째 주고 싶은 가족 생일상	두부 한 모와 파프리카 반상차림	함께 차린 나눔으로 충만된 밥상
◈ 구성 삶은 호박을 자르고 호박 안에 각각의 상차림을 해보았다. 당근을 깎아 홍시를 만들고 다시마를 말아서 만든 보쌈, 비빔밥, 몸에 좋은 완두콩, 그리고 밭에 있던 호박꽃 한 송이에 자색 양파로 백합을 연출해 보니 뿌듯하다.	◈ 재구성 두부 한 모를 가지고 초대 상차림을 만들다 보니 온갖 집중이 된다. 두부 한 모를 구절판으로 하여 자색 양파, 단무지, 당근, 깻잎을 잘게 채 썰어 정성껏 담고 자색 양파 그릇과 당근 그릇을 만드니 소꿉놀이 반상이 완성되어 즐거운 분위기가 연출되었다.	◈ 재구성 가족 생일상을 차리고 보니 생일에 초대하여 함께 나눔을 하고 싶은 사람들의 얼굴이 떠올라 달걀프라이 두 개를 만들어서 얼굴 표정을 만들고 전복 껍데기와 양파 그릇, 파프리카 그릇, 오이 그릇 안에 장조림, 고추조림을 넣어 세팅하고 함께 맛있게 음식을 먹을 상상을 하니 상차림이 즐겁고 행복하다.

◆ 다르게 해보고 싶은 점

알고 있는 지인들과 동네 사람들 모두를 위한 상차림을 해보고 싶다.

◆ 회기 진행 중 성장점에 대한 통찰

처음 상차림은 가장 미안한 가족을 위해 파티 상차림을 차리고 싶어서 넝쿨째 주고 싶은 가족 상차림을 구성하였고 좀 더 많은 사람에게 상을 차려 주고 싶은 욕심이 생겼다. 그리고 함께 하는 집단원들이 함께 상차림을 하다 보니 그동안 바쁘다는 핑계로 밥을 함께 먹지 못한 사람들을 초대하고 싶은 마음으로 상차림을 해보았다. 더 많은 사람, 동네 사람 모두를 초대하고 싶은 마음에 뿌듯한 마음과 함께 나누는 나눔의 상차림이 충만된 밥상이 되었다.

| 파티를 위한 푸드아트테라피-기타 작품 |

(작품 1) 핼러윈 파티

(작품 2) 가을의 소확행 파티

(작품 3) 예비 신부 웨딩 파티

(작품 4) 행복한 크리스마스 파티

작품 1 밝은 주황빛의 옛날 과자로 즐거움을 표현하고 소쿠리에 귤을 담고 달콤한 사탕을 작은 통에 담고 향초와 피규어로 핼러윈 파티 준비 완성.

작품 2 소보루빵을 파내어 향초를 놓아 가을날 초가집을 만들고 미니 약과와 나뭇잎, 열매를 주워와 함께 세팅을 하고 나니 아름다운 가을날을 보내기 아쉬운 마음과 가을 파티 분위기 완성으로 충만한 기분이다.

작품 3 흰색 테이블보를 깔고 쌀과자로 양쪽 기둥을 세우고 그 위에 알록달록 젤리를 올려서 달콤한 향기를 주고, 화이트 쵸쿄하임으로 중앙에 길을 만들어 소중한 예비 부부의 웨딩 파티가 준비되니 설렌다.

작품 4 소금으로 만든 눈밭 위에 오리들이 즐거워하고 달콤한 사탕과 과자 선물들이 쌓여 있어 화이트 크리스마스와 불 켜진 하얀 집 안의 불빛, 와인잔에 담긴 목걸이와 소원을 비는 구슬이 있는 행복한 크리스마스.

PART **2.**

야외 테이블 세팅과
푸드아트테라피

인체의 면역력을 높이고 건강한 힐링을 위해 힐링센터를 찾거나 치유의 숲을 찾는 사람들이 많아 졌다. 숲에 텐트를 치거나 나무 사이에 설치한 해먹 위에서 하늘을 올려다 보면서 음악을 듣고, 나무에 매달려서 살랑거리는 바람을 느끼면서, 숲속에 들어가 도토리를 줍고 나뭇잎을 밟으며 사각거리는 느낌을 체험해 보자! 내 안에 자연 향기를 마음껏 마시고 뿜어 주어 몸과 마음이 정화되는 기분을 만끽해 보는 방법을 야외로 나가 테이블 세팅을 하면서 찾아본다.

자연과의 교감을 통해서 신선한 공기를 마시고 따스한 햇볕 속에 자신을 널어놓듯 진한 햇볕을 쬐고 다채로운 표현 활동을 하는 가운데 자신의 내면 탐색과 또 다른 공간에서의 나를 만나는 기쁨을 느끼도록 해본다. 집근처 놀이터, 공원, 집 앞 마당, 베란다, 잔디밭, 풀꽃 아래, 나무 아래, 야외 테라스 야외 공간을 찾아가 셀프 힐링 할 수 있도록 한다.

🎯 목표

① 자연 속에서 치유와 회복된 나를 만난다.

② 야외 테이블 세팅을 통해 심리적으로 안정된 면역력을 증강한다.

③ 야외로 나가서 자연을 감상하고 돌멩이나 나뭇가지를 이용하여 간식 테이블을

만들어 편안한 생태학적 감수성을 느껴본다.

④ 텃밭에서 제철에 나는 과일이나 채소(고추, 가지, 오이)를 직접 채취해 보는 체험 활동을 한다.

⑤ 재구성하여 숲속에서 셀프 힐링과 창의적인 푸드 코디 놀이를 통해 놀이성 유희성을 향상한다.

⑥ 텃밭의 제철 과일이나 채소로 푸드코디와 야외 테이블 세팅을 통해 자기 효능감 향상한다.

⑦ 자연을 찾고, 숲에서 야외 놀이를 통해 자유로움을 느끼고 스트레스를 해소한다.

🔘 준비물

풀꽃, 여러 종류의 과자, 수수, 마시멜로, 자갈, 귤, 원두 가루(재활용), 색깔 과자, 호두, 방울토마토, 색전지, 부직포, 피규어, 포스트잇, 해바라기 씨앗, 낙엽, 포도, 미니 약과.

🔘 작품 활동 안내

① 야외 텃밭이나 풀숲, 근처 바위나 벤치가 있는 공원으로 나간다.

② 나뭇가지, 나뭇잎, 열매, 돌멩이를 주워서 야외 코디를 할 수 있도록 재료를 준비한다.

③ 마음에 드는 장소를 정하고 손수건, 테이블보, 색깔 전지를 펼치고 야외 코디를 구상한다.

④ 주제를 정하고 집단원과 함께 주변에서 나뭇잎이나 열매를 주워 바위나 벤치에 장식을 한다.

⑤ 함께 어울리는 간식 푸드 재료를 먹기 좋게 세팅을 한다.

⑥ 숲을 산책하며 주변의 재료를 자원으로 하여 푸드 코디를 한다.

⑦ 주변 나무와 자연물(돌멩이, 풀꽃)을 정하고 교감을 한다.

⑧ 각자의 야외 테이블 세팅 작품에 대해 이야기를 나눈 후 필요한 부분에 대해 재

구성을 한다.

⑨ 모두의 작품을 모아서 스토리 구성을 통해 다양성을 수용하고 공동 효능감을 느낀다.

⑩ 집단원 모두 푸드로 만든 야외 푸드코디 작품에 대해 감상하고 긍정적인 기운을 함께 나눈다.

TIP

숲속에서 할 수 있는 활동 을 찾아서 함께해 본다. 자연에 있는 돌멩이, 나뭇가지, 나뭇잎, 자갈, 풀꽃, 열매를 활용하여 간식상차림으로 코디를 해본다.

예: 네 잎 클로버 찾기, 꽃반지 만들기, 돌멩이 주워서 공기놀이하기, 내 나무 정하고 대화하기, 아카시아 잎 따기 놀이.

주제	야외 테이블 세팅 푸드아트테라피
작품 스토리 및 의미	분위기 좋은 카페의 야외 정원에서 눈에 들어오는 벤치. 나무 의자가 아주 편안해 보인다. 편안하게 쉬고 싶은 마음, 나를 챙겨주고 싶은 마음으로 푸드 테이블 세팅을 해보았다.

◈ 작품 구성

나만의 쉼과 힐링	밀짚 모자의 쉼과 힐링
◈ 구성 정원 한쪽에 놓여 있는 의자 위에 싱그런 나뭇잎과 분홍 꽃잎을 깔고 조각을 낸 상큼한 레몬과 쿠키, 작은 양동이에 꽃잎도 띄우고 의자 등받이에 새집을 걸었다. 보라색 꽃이 밝은 화사함을 주어 기분이 좋다	**◈ 재구성** 작품 이야기를 하다 보니 모자를 쓰고 바다가 있는 곳에 여행을 하고 싶어 밀짚을 닮은 모자를 걸어 두니 어느덧 시원한 바닷가에 온 듯한 느낌이 들고 훨씬 풍성한 나를 맞이하게 되었다.

◈ 다르게 해보고 싶은 점
부담 없이 함께 떠나고 싶은 사람을 위해 똑같이 만들어 주고 싶다.

◈ 회기 진행 중 성장점에 대한 통찰
카페에서 진한 커피를 마시고 달달한 케이크의 향기가 좋은 카페였지만 야외 푸드코디를 하면서 덥고 지친 나에게 잠깐의 청량감과 편안함을 주었다. 내가 의자를 선택했던 것은 아마도 나를 위한 쉼과 힐링을 주고 싶은 마음에 눈에 들어왔던 것 같다. 한없이 반갑고 함께 하면 편안하고 좋은 사람이 무척 생각이 나는 시간이었으나 정원의 나무와 꽃들이 있어 의자 위의 맞이하기는 나에게 힐링 된 시간이었다.

| 야외 테이블 세팅 – 기타 작품 |

(작품 1) 비밀의 정원

(작품 2) 숨 쉬는 장독대 다과상

(작품 3) 수국 꽃 아래

(작품 4) 풀밭 위의 만찬

작품 1 풀숲에 들어가니 비밀의 정원이 떠올라 통나무 그릇에 레몬과 꽃잎 하나. 작은 대나무 통 안에는 한과랑 쿠키를 담아서 놀러온 분홍 코끼리와 노랑 코끼리와 함께 늘어진 풀 숲에서 쉬고 싶은 마음 표현.

작품 2 주변에 있는 장독대가 눈에 들어온다. 오랫동안 숨 쉬어온 고추장, 된장, 간장의 묵은 냄새와 함께 토마토, 딸기, 레몬과 함께 작은 풀꽃으로 완성.

작품 3 하얗게 핀 수국꽃과 푸릇한 나무 숲길에 있는 난간 위에 늘어놓듯 꾸며본 과일 탑과 쿠키와 과자탑이 봄날의 소풍을 맞이하고 있다.

작품 4 중앙에는 먹을 것들이 가득하게 준비하고 네 마리의 꼬꼬닭들이 있는 공간에 파프리카와 민들레 홀씨를 꽂고 보니 어린 시절 앞마당이 연상이 된다. 또 다른 공간에는 연못을 만들어 연못 위에 떠 있는 수련을 띄워 보니 근사한 풀밭 위에서 만찬을 할 수 있었다.

3.

워터테라피와 푸드아트테라피

《물은 답을 알고 있다》의 책은 물이 말과 글씨, 음악 등에 따라 변화되는 것을 물 결정 사진으로 보여 주고 있다. 생명의 원천이자 삶을 지탱하는 데 가장 필요한 자원인 물에 대한 놀라운 메시지가 담긴 책이다.

물의 신비로운 현상과 마음속에 담아둔 저자의 생각과 파동론에 관한 이야기까지 설명한 내용의 책이다. 저자는 120여 컷의 물 결정 사진을 곁들여 물은 생명이고 에너지의 전달 매체이며 의식을 갖춘 존재라고 말하고, 인간이 어떻게 살아야 할지에 대한 답을 알고 있는 존재라는 깨달음을 알려 주고 있다.

우리 인간의 신체도 70% 이상의 물이 존재해야 생명을 유지할 수 있다. 물 한 방울이 생명을 살릴 수도 있다는 것이며, 푸드아트테라피의 생명 중심 사상과 밀접한 관계가 있다. 이렇게 소중한 물을 섭취하는 것도 중요하지만, 물을 활용하고 놀이에 응용하여 몸과 마음을 치유하고 힐링 할 수 있도록 해본다.

🎯 목표

① 물의 소중함을 안다.

② 물의 쓰임과 물과 생명 에너지의 연결에 대해 신비로움을 이해한다.

③ 내 몸에 필요한 물에 대한 예의를 갖추고 감사함과 긍정적인 전환을 한다.

④ 물을 활용하여 즐길 수 있는 놀이를 함께 찾아보고 활용한다.

⑤ 물을 활용한 명상을 할 수 있다.

⑥ 야외로 나가서 할 수 있는 워터테라피를 통해 즐거움을 향상한다.

⑦ 물과의 셀프 힐링과 창의적인 푸드 코디놀이를 통해 놀이성 유희성을 향상한다.

⑧ 자연 속에서, 숲에서 워테테라피와 놀이를 통해 자유로움을 느끼고 스트레스를 해소한다.

⑨ 물을 활용한 푸드아트테라피를 통해 자기 효능감을 향상한다.

🎲 준비물

찻잔, 주전자, 물, 호수, 양동이, 풀꽃, 색전지, 부직포, 피규어, 포스트잇, 나뭇잎, 나무 열매, 컬러 코팅지.

🎲 작품 활동 안내

① 마음에 드는 그릇을 정한다.

② 따뜻한 물과 찬물 중에서 선택을 한다.

③ 물 주전자로 물을 찻잔에 따르면서 물소리를 듣는다.

④ 물 따르기를 통해 소리 명상 나눔을 한다.

⑤ 물그릇을 편안한 자세로 두 손으로 받친다.

⑥ 자신의 신체 감각에 집중한다.

⑦ 물그릇 들기를 통해 감각 명상 나눔을 한다.

⑧ 마음에 드는 나뭇잎 위에 스포이드로 물방울을 천천히 떨어뜨린다.

⑨ 떨어뜨린 물방울을 바라보고 나눔을 한다.

⑩ 물을 다량으로 사용할 수 있는 수돗가로 나간다.

⑪ 호수가 있는 공간에 물을 마음껏 뿌리거나 운동장 또는 벽에 물줄기로 그림을 그린다.

⑫ 나뭇잎, 열매를 주워서 워터테라피를 할 수 있도록 재료를 준비한다.

⑬ 마음에 드는 장소를 정하고 워터테라피를 구상한다.

⑭ 집단원들끼리 오늘 함께한 작품에 대해 물줄기를 뿜어낸 느낌에 대해 나눔을 갖는다.

TIP

숲속의 옹달샘이 있다면 옹달샘으로 가서 물소리를 듣고 꽃잎, 나뭇잎도 띄우고 소리 명상을 함께 해본다. 넓은 운동장이나 놀이터에 물 주전자를 가지고 가서 물줄기로 그림을 그려 보는 것도 즐거움을 향상할 수 있다.

주제	워터테라피와 푸드아트테라피
작품 스토리 및 의미	맑은 하늘색을 닮은 파랑 코팅지를 골랐다. 그리고 손끝에 물을 묻혀 천천히 떨어뜨리면서 손끝에 물방울의 느낌도 느껴지고 파랑 코팅지 위에 떨어져 내린 물방울이 맑고 청아해 보인다. 이렇게 순수하고 맑은 느낌을 느낄 수 있다니.

작품 구성

손끝에서 떨어진 물방울	초록잎 물방울과 양동이에 담아 본 얼음과 꽃잎

◈ 구성	◈ 재구성 1
손끝에서 떨어지는 물방울의 느낌도 좋았고 떨어질 때의 순간을 느낄 수 있도록 초긴장을 하고 물방울의 모양을 바라보았다. 물방울 한 개 한 개 영롱하게 빛나고 있다. 물방울을 바라보는 순간 그 물방울에 비친 또 다른 나를 알아차림 해보아서 좋았다.	초록 잎을 코팅지 위에 올려두고 초록잎 위로 물방울을 떨어뜨려 보았다. 초록 잎의 싱그러운 생명력이 느껴진다. 떨어진 물방울과 초록 잎을 바라보니 집중을 할 수 있어서 좋았다.
	◈ 재구성 2
	꽃잎과 얼음을 양동이에 띄우니 신비로움과 정화된 느낌이 든다.

◈ 다르게 해보고 싶은 점

잔잔한 음악을 들으면서 느낌을 다시 느껴보고 싶다.

◈ 회기 진행 중 성장점에 대한 통찰

물방울을 떨어뜨릴 때의 느낌이 손끝에 느껴질 때 집중을 할 수 있었다. 물방울 하나에 비쳐지는 나의 얼굴 모습이 영롱한 구슬 안에 비치는 느낌을 받으면서 온 마음으로 집중할 수 있었고, 초록 잎에 떨어진 물방울은 새싹이 움트는 순간을 느끼면서 나의 마음 안에 생명력을 주는 느낌을 받았다.

| 워터테라피와 푸드아트테라피 – 기타 작품 |

(작품 1) 약수에 집중하기

(작품 2) 약수 담아보기

(작품 3) 물 위에 꽃잎 띄우기

(작품 4) 바가지로 물뿌리기

작품 1 약수가 떨어지는 모양을 관찰하면서 떨어지는 소리에 집중해 본다. 마음을 소리에 집중하니 마음속에 소음이 사라지고 온 세상이 조용해짐을 느낀다.

작품 2 약수를 조롱박에 담아 보고 조롱박에서 넘쳐흐르는 물소리를 듣고 물을 마시니 시원하고 달게 느껴진다.

작품 3 마음에 드는 그릇에 물을 담고 수국 꽃잎과 향초를 띄우니 환해지는 기분이다.

작품 4 잔디밭이 있는 정원과 수돗가에서 바가지에 물을 담은 후, 공기 중에 뿌려 보았다. 시원한 마음이 다가온다.

4부

푸드아트테라피를
활용한 프로그램

낙관적인 사람은 어떤 어려움 속에서도 기회를
보고, 비관적인 사람은 어떤 기회 속에서도 어려움만 본다.
- 윈스턴 처칠 -

FOOD
ART TERAPHY

CHAPTER

10

대상별 · 주제별 푸드아트테라피

1. 대상별: 아동 · 청소년 · 가족

2. 주제별: ADHD · 심리 정서 · 우울 · 자존감

3. 기타: 다양한 콘텐츠 활용한 푸드아트테라피

맞이하기

맞이하기 단계에서의 효율적인 상담 기술은 상담자 자체의 편안한 자세와 태도. 생태학적인 감수성. 자연주의 테이블 세팅, 안전한 분위기 조성 등이며, 인위적으로 유도하지 않아도 내면의 감정과 생각으로 심리적인 위로와 마음의 안정감을 주는 '**나는 누구인가**, **나는 나인가**'를 생각하며 맞이하기를 준비하였다.

자신에게 힘이 되는 따뜻한 말 전하기
남이 아닌 내가 나를 칭찬하기
사랑합니다.

대상별: 아동 · 청소년 · 가족

지금까지 살아온 자신의 삶을 되돌아본다는 것은 앞으로의 삶의 방향을 잡아가는데 필요하다. 아동기에 또래들과의 관계 맺기를 잘하고 건강한 사고 능력을 갖추는 것이 중요하듯이 청년기에 제기되는 '나는 누구인가?'라는 질문을 자신에게 물어보는 것은 나는 무엇을 할 것인가? 미래에 나는 어떻게 될 것인가? 자아 정체감을 형성하는 시기로 보고, 이 시기를 잘 지내면 건강한 성인으로 성장할 수 있다. 아울러 청소년은 무한한 잠재력과 가능성을 지닌 국가의 중요한 인적 자원이다. 청소년이 바르게 성장하여 자신이 가지고 있는 잠재력을 최대한 발휘하고 올바른 정신을 가진 성인으로 성장하도록 가족의 역할이 무엇보다 중요하다.

목표

① 자기 효능감을 알아보고 일치된 자아 정체감을 확립한다.
② 나의 내적 자원은 무엇이 있는지 탐색한다.
③ 자신의 강인한 생명력을 인식한다.
④ 자신의 건강을 지키는 습관을 찾아본다.
⑤ 가족 구성원의 다름을 인정하고 긍정적인 인지를 심어 준다.
⑥ 가족 안에서 나의 역할을 탐색한다.
⑦ 자녀를 있는 그대로 받아들이는 수용과 공감의 중요성을 이해한다.

⊛ 준비물

식빵, 방울토마토, 검정콩, 보석, 비틀즈, 오이, 빨간 고추, 당근, 색지.

⊛ 작품 활동 안내

① 내가 생각하는 우리 가족은?

② 가족의 모습을 떠올려 보고 가족에게서 느끼는 나의 감정을 이해힌다.

③ 진행하는 과정에서 가족 구성원의 느끼는 감정을 있는 그대로 받아들인다.

④ 준비한 재료를 가지고 가족의 모습을 표현한다.

⑤ 표현된 작품을 집단원들과 나누고 공유하면서 가족의 구도, 역할에 대해서 나누고 상호 느낌과 생각을 주고받는다.

⑥ 가족 구성원의 다름을 인정한다.

⑦ 자신에게 긍정적, 부정적 영향을 준 가족에 대해 깊이 생각해 보고 나의 내면의 욕구를 탐색한다.

⑧ 아쉬웠던 모습은 다시 재구성의 기회를 갖는다.

⑨ 재구성된 작품에 대해 긍정적인 다짐과 그 다짐을 행동으로 실천하는 기회를 갖는다.

⑩ 마무리에 가족들의 강점을 나누며 가족의 소중함과 사랑의 마음을 느껴 본다.

TIP

가족이란 나에게 있어 서로가 힘이 되어 주고 함께하는 것이 얼마나 아름답고 의미 있는 일인지 집단원들 스스로 활동 경험을 통해 깨닫게 하는 것이 중요하다.

주제	아동 프로그램
작품 스토리 및 의미	가족의 모습을 표현하라고 할 때 나는 한참을 망설였다. 어떻게 표현해야 할지 고민도 되고 어려웠다. 우리 가족은 행복하지 않은 것 같다. 보기에는 화목해 보여도 아빠는 매일 늦게 들어오셔서 엄마가 힘들어하신다. 두 분이 싸우시지는 않지만 그래도 다정하지는 않으신 것 같다. 나는 우리 가족이 행복했으면 좋겠다.

작품 구성

엄마, 아빠	사랑하는 우리 가족
◈ **구성** 우리 엄마, 아빠 예쁘게 표현했다. 엄마는 기분이 안 좋으시고 아빠는 기분이 엄청 좋으신 모습이다.	◈ **재구성** 엄마, 아빠가 언제나 나를 보면서 활짝 웃으시면 좋겠고 사랑한다고 자주 말해 주면 좋겠다. 엄마, 아빠 사랑해요!

◈ **다르게 해보고 싶은 점**

엄마, 아빠 손잡고 있는 모습을 표현해 보고 싶다.

◈ **회기 진행 중 성장점에 대한 통찰**

나도 앞으로 엄마, 아빠한테 사랑한다고 자주 말해줄 것이다.

(작품 1) 우리 할머니

(작품 2) 판사

(작품 3) 행복한 나

(작품 4) 멋진 선생

작품 1　나를 키워주신 우리 할머니! 내가 돈 많이 벌어 예쁜 옷도 많이 사주고 화장품도 사주어서 곱게 회장한 세상에서 가장 예쁜 우리 할머니를 표현.

작품 2　나는 판사가 될 것이다. 억울한 사람들을 위해 정직한 판결을 내리는 판사.

작품 3　나는 노래를 좋아한다. 악보 들고 학원 가고 있는 즐겁고 행복한 나를 표현.

작품 4　나는 우리 학교 4학년 5반 담임 선생님처럼 멋지고 예쁜 선생님이 될 것이다. 아이들도 차별하지 않고 모두 모두 사랑하는 멋진 선생님.

| 청소년 대상 - 기타 작품 |

(작품 1) 다름을 인정	(작품 2) 평생 함께하고픈 친구
(작품 3) 닮은꼴 친구	(작품 4) 나의 직업

작품 1 친구 한 사람 한 사람의 기질, 성격, 나타나는 것들이 다 다르고 함께하기 힘들 때가 있다. 그래도 친구니까 다름을 인정.

작품 2 두 손 꼭 잡고 같은 곳을 바라보며 함께 가고 싶은 참 좋은 친구 표현.

작품 3 우린 같은 옷, 같은 신발, 같은 머리 스타일, 같은 부분이 참 많다. 쌍둥이 같은 우리,

작품 4 나의 직업은 셰프다. 맛있는 음식을 많이 만들어 최고 유명해져 돈도 많이 벌고 최고의 셰프가 되는 게 나의 꿈.

| 가족 대상 – 기타 작품 |

(작품 1) 우리 가족

(작품 2) 동물 가족

(작품 3) 선물

(작품 4) 대접

작품 1 　엄마와 오빠는 눈이 나쁘고 급한 성격도 비슷하다. 나에게는 세상에서 가장 자상하신 멋쟁이 우리 아빠, 나는 우리 집 귀염둥이.

작품 2 　엄마–나비, 아빠–곤충, 나–펭귄으로 표현. 행복한 동물 가족으로 표현.

작품 3 　세상에서 가장 존경하고 사랑하는 우리 엄마, 올해 어버이날에는 멋진 선물과 함께 꼭 찾아뵙고 싶은 나의 마음을 표현.

작품 4 　늘 부모님께 받기만 하고 한 번도 내가 대접해 드린 적이 없는 것 같다. 근사하고 멋지게 대접하고 싶은 나의 마음을 표현.

PART **2.** ⬤

주제별: ADHD · 심리 정서 · 우울 · 자존감

마음이 아파지고 있는데도 모르고 지나치다 보니 몸이 말을 듣지 않는다.

ADHD 아동 청소년은 주의력 결핍 · 과잉 행동 · 충동성의 주요 증상 외에 2차 증상을 보인다. 쉽게 좌절하고 분노 폭발을 보이며 지배적이고 완고한 태도나 자신의 욕구 충족에 대한 주장이 강하고, 과도하고 불안정한 기분 상태가 빈번하게 나타나며, 또래 거부나 낮은 자존감 등의 문제를 보인다(신수라, 2007). 학교에서 교사와 또래로부터 부정적인 피드백을 받는다. 이러한 과정에서 또래에게 거부당하고, 학교에 순조롭게 적응하지 못하고 문제아로 인식되어 자신에 대해 낮은 자아상을 형성하게 된다. 이러한 문제는 성장하는 과정에 심리적인 우울감과 자존감 문제로 사회 적응력이 어려워지기도 한다.

◉ 목표

① 푸드아트테라피를 통해 ADHD 아동 청소년의 주의 집중력을 향상한다.

② 푸드아트테라피를 통해 ADHD 아동 청소년의 문제 행동을 감소한다.

③ 푸드아트테라피를 통해 ADHD 아동 청소년의 자기 효능감을 향상한다.

④ 심리 정서적으로 불안한 아동 청소년의 마음을 위로한다.

⑤ 푸드아트테라피 상담 과정을 통해 위축된 아동의 긍정적인 행동 변화.

⑥ 푸드아트테라피를 통해 대인관계의 문제를 향상한다.

⑦ 우울감과 위축된 아동의 자존감을 향상한다.

🎛 준비물

다시마, 하리보곰돌이, 또띠아, 별과자, 오징어, 오이, 레몬, 고래밥, 향초, 색지, 토마토, 파프리카, 해산물.

🎛 작품 활동 안내

① 상담 자체의 편안한 자세와 태도, 생태학적인 감수성, 자연주의 테이블 세팅과 안전한 분위기 조성으로 편안하게 작품을 구성할 수 있도록 대화의 장을 준비한다.
② 받아들이기 단계에서 무조건적인 포용을 실행할 수 있도록 생명체의 기능이나 가치를 평가하지 않은 채 '우선 살리고 보자'라는 식으로 절대적인 지지를 보낼 수 있도록 상담자가 마음의 준비를 한다.
③ 오직 내담자를 깊이 이해하려고 내담자를 '알아 가는 데' 집중한다.
④ 아동이 집중할 수 있도록 준비한 다시마와 해산물을 선택하도록 한다.
⑤ 해산물(다시마, 삶은 오징어)을 집중해서 관찰하면서 대화를 나눈다.
⑥ 해산물 관련 푸드를 선택하여 생각나는 주제로 푸드아트테라피 작품을 구성한다.
⑦ 구성한 작품에 대한 제목을 정하고 작품하는 과정 중 변화된 감정에 대해 나눔을 갖는다.
⑧ 작품에 대한 나눔을 한 다음 맛을 음미하면서 함께 먹는다.

TIP

ADHD 아동. 청소년의 특성, 우울 정서에 대한 탐색을 통해 푸드아트테라피 상담 기법에 적용할 수 있도록 ADHD 아동 · 청소년에 맞는 푸드 재료에 대한 세밀한 탐색과 적용을 해본다.

주제	ADHD 아동 푸드아트테라피
작품 스토리 및 의미	두 명의 동생이 있으며 연년생인 동생과 함께 ADHD 진단을 받은 초등학교 6학년 아동 대상이다. 눈을 돌리는 틱 현상으로 약물치료 중인 내담자의 작품. 겉으로는 항상 웃으려고 하는 자신의 모습을 표현, 매번 가만있지 못해서 혼나는 상황이 싫지만 자신도 자기를 통제하기 힘들어한다. 자신도 누군가에게 칭찬을 받고 싶은 마음으로 웃는 얼굴을 표현함.

작품 구성

 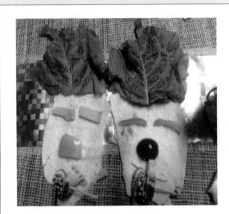

겉으로 웃고 있는 나	말 없는 형제가 좋아요
◆ 구성 또띠아의 부드러운 느낌이 좋다. 삶은 오징어 다리가 신기하기도 하고 먹고 싶은 마음을 꾹 참고 웃고 있는 얼굴을 만들었다. 참외의 속을 파내고 나온 씨앗으로 어지럽고 복잡한 나의 뇌를 만들었다. 오이는 웃고 있는 눈썹과 동그란 눈, 파프리카 조각으로 코와 입을 만들었다.	◆ 재구성 나의 얼굴을 만든 또띠아를 반으로 쪼개서 연년생 동생을 만들었다. 머리에 두었던 오징어 다리를 쪼개서 이쑤시개를 꽂은 입 모양을 만들어서 쉴 새 없이 욕을 하는 입을 꿰매서 말을 못 하게 만들었다.

◆ **다르게 해보고 싶은 점**

칭찬을 하고 있는 엄마의 모습을 함께 만들고 싶다.

◆ **회기 진행 중 성장점에 대한 통찰**

푸드아트테라피를 하는 동안 오징어를 만지고, 작품을 만들고, 맛있게 먹는 동안 혼나지 않고 집중을 할 수 있었다. 오징어가 신기하고 재미있는 모양으로 흐물거리는 것이 신기했다.

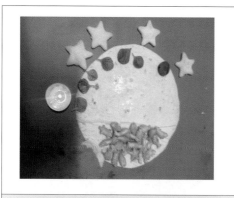

(작품 1) 우울: 물속에 숨고 싶은 나

(작품 2) 심리 정서: 내 마음 색깔은 블루

(작품 3) ADHD: 함께하니 즐거워요.

(작품 4) 자존감 향상: 축하 꽃다발

작품 1 고래밥으로 친구들을 표현했다. 친구들과 함께 물속에 숨어 있는 모습이다. 깊은 물속이 고요하고 편안하게 느껴진다.

작품 2 내 마음은 눈이 내리는 허허벌판의 차가운 바람처럼 온통 차가운 파란빛이다. 오렌지 갑옷을 입혀서 따뜻한 기운을 불어넣어 주니 따스해 보인다.

작품 3 친구들과 함께 해산물 푸드아트테라피를 하니 자르고 만지고 뭉치고 맛있게 먹고 재미있다.

작품 4 갑오징어 뼈와 방울토마토로 만든 꽃다발을 만들었다. 진짜 꽃을 받은기분이다.

3.

기타: 다양한 콘텐츠 활용한 푸드아트테라피 – 요리 활용한 푸드아트테라피

푸드아트테라피는 내담자 스스로 창의적인 작품을 만들고 의미 부여를 해보면서 심리적으로 즐거움과 해방감을 경험하고, 위축된 잠재력을 신장시키는 다양한 활동으로 구성되어 있다. 지금 여기에서의 푸드아트테라피 창의적인 경험은 개인의 인지, 정서, 행동에 동시적으로 변화를 가져온다. 푸드아트테라피는 단기간에 작품을 만들고 해체와 재구성을 통해 자기 효능감을 가져올 수 있다. 이 장에서는 다양한 콘텐츠를 활용하고 직접적인 요리 활동을 통해 내가 먹고 싶은 요리를 창의성을 발휘하여 다양한 맛을 체험할 수 있도록 한다.

🔘 목표

① 요리 활용한 푸드아트테라피를 통해 창의성을 향상한다.

② 요리 활용한 푸드아트테라피를 통해 개인의 인지 정서에 변화를 가져온다.

③ 요리 활용한 푸드아트테라피를 통해 자기 효능감을 향상한다.

④ 요리를 하면서 추억의 음식을 떠올리고 또 다른 음식의 맛을 창출한다.

⑤ 요리 활용한 푸드아트테라피를 통해 요리에 대한 긍정적인 행동 변화를 유도한다.

⑥ 요리 활용한 푸드아트테라피를 다양한 콘텐츠에 접목할 수 있는 자신감이 향상된다.

⑦ 다양한 요리에 자신감을 갖는다.

⑧ 스무디, 주스, 요플레, 올리브유, 간장 소스를 혼합하여 새로운 요리 맛 체험이
가능하다.

🔘 준비물

방울토마토, 필요한 그릇, 유부초밥, 밥, 파프리카, 레몬, 키위, 아스파라거스, 믹
서기, 당근, 느타리버섯, 기타 요리 재료.

🔘 작품 활동 안내

① 내가 좋아하는 요리를 떠올려 본다.
② 좋아하는 요리와 재료를 선택하고 조금 다른 방법으로 요리를 구성해 본다.
③ 필요한 재료를 준비하고 요리를 한다.
④ 요리를 하면서 푸드아트테라피 활동을 한다.
⑤ 함께 어울리는 디저트 푸드 재료를 먹기 좋게 세팅을 한다.
⑥ 요리 푸드아트테라피 활동을 하고 구성과 재구성을 해본다.
⑦ 집단원의 푸드로 만든 요리 작품에 대해 감상하고 긍정적인 기운을 함께 나
눈다.
⑧ 모두의 작품을 모아서 스토리 구성을 통해 다양성을 수용하고 공동 효능감을 느
낀다.
⑨ 각자의 요리 푸드아트테라피 작품에 대해 이야기를 나눈 후 함께 맛있게 먹는다.

TIP

우리 꽃길만 걷자! 메시지를 주고 싶은 요리.

주제	요리 활용 푸드아트테라피
작품 스토리 및 의미	내가 좋아하는 유부초밥에 표정을 넣고 밥을 볶아서 파프리카를 밥그릇으로 하여 예쁘게 담았다. 포도와 여러 색깔 토마토로 디저트를 놓고 더운 여름 시원하게 먹을 수 있는 레몬 스무디를 함께 세팅하고 나니 생일 초대받은 기분이 든다. 접시 빈 곳에 초록 아스파라거스를 놓아 보니 학창 시절 교실에서 혼난 일을 떠올려 보는 작품이 되었다.

작품 구성

전체 차렷! 유부초밥	레몬스무디와 유부초밥
◈ **구성** 아스파라거스는 학창 시절 혼났을 때 맞는 회초리가 떠올랐다. 맛있는 파프리카볶음밥을 먹고 싶은데 먹지 못하고 혼나고 있는 모습의 상차림이다.	◈ **재구성** 속이 시원할 수 있게 레몬과 얼음을 넣어 만든 레몬 스무디를 추가하여 혼난 친구들을 불러다 차려 주고 싶은 요리이다.

◈ **다르게 해보고 싶은 점**

그때 그 시절 친구들을 불러와서 함께 위로하고 함께 먹고 싶다.

◈ **회기 진행 중 성장점에 대한 통찰**

초록빛의 아스파라거스를 본 순간 초등학교 5학년 때 담임선생님께 혼났던 기억이 났다. 억울한 마음이 아직도 남아 있었다는 것을 알았다. 그때 그 시절, 그 교실에 함께 혼나고 함께 공부했던 친구들을 생각하면서 요리를 하다 보니 추억 속에 떠오르는 친구들이 보고 싶다. 내가 좋아하는 유부초밥이 학창 시절 교실에 있던 친구들의 모습으로 표현하니, 또 다른 감정을 느낄 수 있어 뿌듯했다.

| 요리 활용한 푸드아트테라피– 기타 작품 |

| (작품 1) 치킨꽃 밥상 | (작품 2) 치즈짜파게티와 레몬사탕 |

| (작품 3) 짜파구리와 바나나꽃 | (작품 4) 채소카나페와 주먹밥스무디 |

작품 1   당근꽃을 만들고 노랑 파프리카를 밥 위에 얹으니 치킨보다 밥이 더화려하다.

작품 2   짜파게티에 치즈를 얹어 부드러움을 주고 노랑 사탕으로 청량감을 준 요리.

작품 3   중앙에 짜파게티와 너구리로 만든 짜파구리를 놓고 바나나꽃, 레몬꽃, 키위꽃으로 디저트를 만들고 기다란 소세지로 영양가를 높이고 개망초와 개나리를 함께 세팅한 요리.

작품 4   오이와 양파, 키위, 레몬을 잘라서 생크림을 올려놓은 크레카, 주먹밥과 블루베리와 키위 스무디와 함께 세팅을 한 요리.

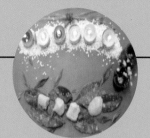

CHAPTER

11

명상을 활용한 푸드아트테라피

맞이하기

맞이하기 단계에서의 효율적인 상담 기술은 상담자 자체의 편안한 자세와 태도, 생태학적인 감수성, 자연주의 테이블 세팅, 안전한 분위기 조성 등이며, 인위적으로 유도하지 않아도 내면의 감정과 생각으로 심리적인 위로와 마음의 안정감을 주는 '내 안의 여행'을 생각하며 맞이하기를 준비하였다.

명상은 순수한 영혼을 바라보기 위한 것이다.
이것은 내면 깊은 곳으로 걸어 들어가는 행위이다.

쌀 명상

⊕ **도입 – 주의집중**

◆ 마음결 고르기 준비하기
 1. 편안한 호흡
 2. 편안한 몸
 3. 편안한 마음

쌀을 보면서 산만한 분위기를
차분하게 가라앉힌다.

⊕ **활동 내용**

1. 쌀 만져 보기: 오감을 통해 쌀의 느낌을 자각한다.
2. 쌀 한 톨을 집중해서 본 다음 입에 넣어 본다.
 – 입안에 쌀을 굴려보고 느낌을 알아차림 한다.
3. 쌀을 소중하게 모신다.
 – 소중하게 느껴지는 쌀을 각자 그릇에 담아 적당한 곳에 배치한다.
4. 자신의 존재감을 자각한다.
 – 마음밭의 기적 발견
 – 자기 작품의 존재감을 느낀다.

⊕ **준비물**

쌀, 보자기, 그릇.

☾ 활동 – 쌀 명상 ☽

1. 쌀 마음밭 꾸미기

· 마음 이야기를 통한 소통과 나눔.

· 마음에게 하고 싶은 말.

· 마음에 담고 싶은 것.

2. 나의 마음 안에 쌀 모시기

쌀을 각자 그릇에 담아 적당한 곳에 배치한다.

3. 마음밭의 기적 발견: 새롭게 알게 된 마음밭에 대한 발견 나눔

자신의 존재감을 자각한다.

작품 구성	

자기 작품에 존재감을 느낀다.	적당한 곳에 자기 작품 배치

소중한 쌀 모시기	작품을 풀어 자신의 신체상을 표현

바라보기 명상

🔳 도입 - 주의집중

1. 바른 몸 바른 자세
   - 머리와 목과 등뼈가 일직선이 되도록 생명 에너지의 중심을 잡고 반듯하게 앉는다.
   - 이마 중심부로 정신을 집중한다.

2. 바라보기 명상
   - 대상을 지그시 바라보며 사랑스러운 마음을 가져 본다.
     존경하듯이 바라보며, 그 안에서 찾은 감동적인 마음을 살펴본다.

3. 느낌 나누기

🔳 활동 내용

1. 대상 선정하기
   - 주위를 살펴보고 끌리는 대상을 선정한다.

2. 자신의 내면 관찰하기
   - 대상 선정한 자신을 관찰하고 알아차린다.

– 지금 이 순간 자기 내면의 변화를 글로 적어 본다.

3. 자신의 글을 낭독하며 존재감을 자각한다.

4. 통합하기 & 수용하기
  – 대상의 긍정적인 면과 부정적인 면을 바라보고 이야기한다. 자신의 생각과 느
    낌 그리고 감정의 변화를 관찰하고 자기의 모든 것 수용.

5. 공감하기
  – 2인 1조로 등을 대고 앉아 밀고 당기기를 한다.
  – 자신과 상대방에 대한 느낌을 서로 나누고 공감한다.

⊞ 준비물

색지, 물, 나뭇잎, 연필, 종이.

◐ 활동 – 바라보기 명상 ◐

1. 색지에 마음 표현하기
- 손끝에서 떨어지는 물방울에 집중한다
- 고요함의 상태를 체험하고 잠시 머무른다.

2. 신체 반응을 알아차린다.
- 손끝에서 느껴지는 살아 있는 생명체를 느낀다.

3. 모든 생명체가 서로 연결되어 있음을 인식한다.
- 생태계의 마지막까지 생명체를 살리는 것을 느껴 본다.

작품 구성

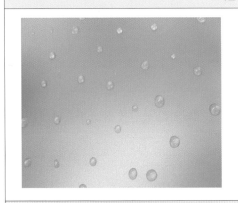	
차분함	넉넉함

다르게 바라보기	함께 바라보기

PART **3.**

몸·마음 중심 잡기 명상

🔘 도입 – 주의집중

1. 바른 몸 · 바른 자세
   – 머리와 목과 등뼈가 일직선이 되도록 생명 에너지의 중심을 잡고 반듯하게 선다.
   – 이마 중심부로 정신을 집중한다.
   – 평화와 안정감을 경험한다.

2. 몸의 중심을 잡아 본다.
   – 눈을 감고 몸의 중심을 잡아 본다.
   – 한쪽 다리를 들고 몸의 중심을 잡아 본다.
   – 손을 높이 들고 몸의 중심을 잡아 본다.

3. 초감각 놀이
   – 눈 감고 알아맞히기
   – 2인 1조로 눈을 감고 몸의 반응을 관찰한다.
   – 2인 1조로 눈을 감고 등을 맞대고 몸의 반응을 관찰한다.
   – 2인 1조로 눈을 감고 손을 높이 들고 몸의 중심을 잡아 본다.

🔘 활동 내용

1. 조용한 장소 선정하기

   – 주위를 살펴보고 조용한 곳을 선정한다.

2. 자신의 내면 관찰하기

   – 지금 여기에서의 몸과 마음을 관찰한다.

3. 통합하기 & 수용하기

   – 지금 느껴지는 몸과 마음의 긍정적인 면과 부정적인 면을 알아차림하고 자신
   의 생각과 느낌 그리고 감정의 변화를 관찰하고 자기의 모든 것 수용.

4. 공감하기

   – 2인 1조로 등을 대고 서서 자신과 상대방에 대한 느낌을 서로 나누고 공감한다.

   – 공감하면서 조화로운 생명체와의 연결로 균형을 맞추고 대긍정을 찾는다.

◐ 활동 – 몸 · 마음 중심 잡기 명상 ◐

1. 조용한 장소 선정한다.

· 눈을 감고 몸과 마음에 집중한다.

· 고요함의 상태를 체험하고 잠시 머무른다.

2. 신체 반응을 알아차린다.

· 몸의 중심을 잡고 조심히 마음을 들여다본다.

3. 모든 생명체가 서로 연결되어 있음을 인식한다.

· 생태계의 마지막까지 생명체를 살리는 것을 느껴 본다.

작품 구성

집중: 머무름	중심: 들여다봄	공감: 함께

일체감: 생명체와 자연	조화: 연결	균형: 대긍정

5 부

푸드아트테라피를
활용한 상담 사례

내 인생의 가을이 행복하길 원해요!

FOOD
ART THERAPY

CHAPTER

12

푸드아트테라피 상담과정 적용
상담 사례

명예퇴직 후 찾아온 우울과
자존감 하락으로 힘들어하는
중년여성의 푸드아트테라피 상담 사례

⊕ 사례 제목

'내 인생의 가을이 행복하기를 원해요!'

⊕ 내담자 노을님의 기본 정보

1. 배경 정보

60세, 女, 교육 수준(박사 수료), 55세에 명예퇴직, 남편은 사업상 타도에서 거주, 둘째 자녀도 타도에서 직장 생활, 현재 첫째 자녀랑 함께 생활함.

2. 가계도

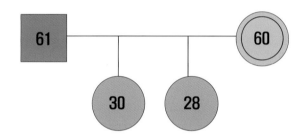

3. 가족관계

1) 남편(61세, 사업, 대졸. 무교)과 30세, 28세의 두 딸

2) 2남 3녀 중 셋째

4. 호소 문제

명예퇴직 후 갑작스럽게 다가온 우울과 자존감 하락

5. 상담의 맥락

1) 상담 장소: ○○상담센터

2) 상담 기간: 2017년 11월 27일~12월 1일까지 총 5일간 2시간씩 총 10회 진행.

3) 내담 경위

명예퇴직을 하면서 이제는 가족들과 함께하는 시간을 갖고 그동안 못 했던 일과 하고 싶었던 일을 해야겠다는 목표를 세우고 4년을 지내 왔다. 그런데 가족들은 모두가 바쁘고 노을님에게 눈길조차 주지 않는다. 그동안 직장 일로 바빠서 연락을 못 했던 친구들에게 연락을 해보았지만 모두들 바쁘다고 시간이 없다고 한다. 특히 노을님의 친구들은 지금 높은 지위에 있는 친구가 많아서 상대적인 박탈감을 느끼고 있었다. 이야기하고 싶고 사람이 만나고 싶은데 아무도 노을님을 찾지 않아서 우울하고 슬프고 삶의 의미가 상실된 느낌이 사주 생긴다. 특히 가장 의지하고 싶었고, 가장 시간을 보내고 싶은 남편은 활기찬 사업으로 만나는 사람들도 너무 많고 바쁘다. 잠잘 시간도 없이 너무나도 바쁜 사람이 되어 있었다. 게다가 남편은 자신을 투명인간 취급을 하고 있다. 함께 살고 있는 큰딸도 노을님에게 투정을 부리는 편이며, 비난을 많이 하고 있다. 노을님은 정말 가족에게 잘해 주고 싶고, 나이 들어서는 원만한 가정, 행복한 가정을 위해서 부부관계의 중요성과 가족이 함께하는 것에 대한 기대가 많다.

노을님은 하루하루를 잘 보내기 위해 계획을 짜서 노력하지만 허전하고 상실감으로 저녁이 되면 더욱 우울해지고 주변에 지인들의 가족과 비교하여 위축되는 자신의 모습에 실망스러움을 많이 느끼고 있다. 우울하고 자신감이 사라진 자신의 모습을 보고 걱정된 지인이 상담을 소개하여 상담을 하게 되었다.

6. 인상 및 행동 관찰

작은 키에 운동화를 신고 편한 옷차림으로 상담실에 옴. 상담실에 오실 때마다 화장실에 들렀다가 오겠다고 화장실에 들렀다 옴. 의기소침한 모습이며 힘이 없어 보이고 마른 편이다. 화장기가 없고 창백한 얼굴로 생각에 잠긴 듯한 모습으로 때로는 어린아이처럼 밝게 웃기도 하고 때로는 엄마에게 이르듯이 조잘대기도 한다.

차를 운전하지 않고 시내버스를 타고 다니시며 걷기를 즐긴다.

7. 발달 배경

2남 3녀 중 셋째, 어릴 때부터 책을 좋아했고 공부만 했다. 노을님의 친부는 뇌졸중으로 요양원에 2년간 요양하시다가 81세에 돌아가셨다. 노을님에게 친부는 항상 최고의 딸이라고 칭찬을 해주시는 정말 멋진 분이다. 친모는 뇌졸중으로 쓰러진 후 7년간 병원에 계시다가 돌아가셨다. 친부모님은 노을님이 28세에 결혼을 하고 나서도 함께 생활을 하였고 노을님이 두 딸들을 양육하는 데 많은 도움을 주셨던 분들이다. 노을님의 부모는 가족적이고 원만한 편이다.

남편은 착실하고 성품이 마음에 들어 연애를 하여 결혼을 하였다. 남편의 친모는 남편이 군대에 있을 때 돌아가셨고, 노을님이 결혼을 하였을 때 새로운 시어머님이 계셨지만 결혼하고 3년 만에 돌아가셨고 또 다른 시어머니를 모셨고, 지금은 돌아가셨다. 현재의 남편은 시댁 식구들과는 아주 친하고 연락도 자주 한다. 그러나 아내 노을님과 두 자녀에 대한 책임은 다하지 못하고 있다. 노을님이 다가가면 갈수록 남편에게서 밀어내는 느낌을 자주 받았다. 그래서 더욱 더 우울해하고 양가적인 감정을 느끼며 그 안에 억압된 분노가 있다.

🔅 내담자 탐색 및 문제의 개념화

1. 검사 결과 및 해석: 자기 효능감 검사

사람들 중 자신이 가지고 있는 능력보다 훨씬 뛰어난 수행을 보이는 사람이 있는가 하면 반대로 자신이 가지고 있는 능력보다 못한 수행을 하는 사람도 있다. 이는 인간의 행동을 예측하는 데 있어서 지능이나 적성 같은 인지적 능력을 이용하는 것보다는 다른 특징을 이용하는 것이 더 나을 수 있음을 시사하는 것이다. 그중 자신의 능력에 대한 자신감을 지표로 삼는 것을 생각해 볼 수 있는데 이러한 자신의 능력에 대한 자신감을 '자기 효능감'이라고 한다. (박헌일, 김기원, 2001)

본 사례에서는 Sherer, Maddux, 및 Jacobs와 Rogers 등(1982)이 개발한 자기 효능감 척도(self-EfficacyScale; SES)를 홍혜영(1995)이 번안, 보완한 것을 그대로

사용하였다. 이 척도는 총 23문항으로 구성되어 있으며, 두 개의 하위 척도, 즉 일반적인 자기 효능감 17문항과 대인관계에서의 사회적 자기 효능감(6문항)으로 나누어져 있고 Likert 5점 척도이다. 전체 신뢰도는 Cronbach a=.85로, 각 하위 척도별 문항 번호와 사전 검수 사후 점수는 다음과 같다.

각 영역에서 점수가 높을수록 자기 효능감 기대가 높고, 낮을수록 자기 효능감 기대가 낮다.

【노을님의 자기 효능감 사전-사후 척도 점수】

하위 척도	문항 번호	사전	사후
일반적 자기 효능감	1, 2★, 3, 5★, 6★, 8★, 9★, 11, 12, 13★, 15★, 16★, 17, 19★, 20, 22★, 23★	51	62
사회적 자기 효능감	4★, 7, 10★, 14, 18★, 21,	18	19
전체		69	81

노을님의 사전 자기 효능감 점수는 총 69점이며, 하위 척도인 사회적 자기 효능감 점수는 18점, 일반적 자기 효능감 점수는 51점이다. 상담을 끝낸 후 사후 자기 효능감 점수는 총점이 81점으로 향상이 되었다. 그러나 대인관계에서의 사회적 효능감 점수는 1점 향상으로 커다란 변화는 없었으나 상담을 통해 노을님의 일반적 자기 효능감 점수가 11점이 향상한 것으로 보아 자신의 능력에 대한 자신감이 향상되었음을 시사하고 있다.

2. 내담자의 자원/강점과 약점

강점: 기도를 통해 자신을 돌볼 줄 안다. 알아차림이 빠르다. 건강을 유지하기 위한 노력을 하는 점, 배우기 위해 노력을 함. 순수하고 담백하며 이야기를 잘한다. 노래를 잘한다. 자연을 좋아한다.

약점: 명예퇴직 후 남편과 가족에 대한 기대와 욕구가 크며 채워지지 않은 허탈

감을 자주 느낀다. 부모님에 대한 그리움으로 퇴행 행동을 한다. 우울하고 외로움이 들 때 어린아이처럼 부모님을 찾지만, 부모님이 돌아가셨다는 사실을 자주 잊어버리곤 한다. 요즘 꿈속에서 부모님 꿈을 자주 꾼다고 한다. 자신이 외롭다고 놀아달라고 하고 싶은데 아무도 없다. 남편이 밀어낸다고 이르고 싶다고 한다. 사랑받고 싶어 한다. 노을님의 말에 의하면, 거지처럼 사랑을 구걸하고 있다. 자신이 뭔가 해내었을 때 타인의 칭찬과 인정에 대한 기대하는 바가 크다. 소속에 대한 욕구에 집착함.

3. 내담자 문제의 진단 및 개념화

우울하고 슬퍼하면서 돌아가신 부모님을 붙잡고 있으며 그리워하고 있다.

남편에게 거는 기대가 많고 노을님이 생각한 인생의 가을에는 남편과 함께 있는 모습이 반드시 이루어져야 한다는 강박적인 사고를 한다. 남편이 저녁에 일찍 들어오고 함께 계획하고, 일도 함께 하고, 봉사도 함께하고, 혹여 귀농하면 농사도 도와주는 등 노을님의 노년기에는 반드시 부부가 함께 있어야 한다는 굉장히 큰 기대를 하고 있다. 남편에 대한 양가감정으로 자신의 기대에 못 미쳤을 때 남편에 대한 분노 감정으로 표현은 하지 못하고 위축되며 우울하고 자기비하를 하고 있다.

매일 바빠야 한다고 생각한다. 놀 줄 모른다. 자녀들의 어린 시절에 함께하지 못한 시간에 대한 보상을 하고 싶어하지만 지금은 성인으로 훌쩍 커버린 자녀들은 노을님의 행동을 간섭이라고 생각하고, 노을님이 오히려 자녀들의 눈치를 보고 있다.

지금의 인생은 봄이다. 직장만 다니다가 명예퇴직을 하고 사회에 나와 보니 이제 새롭게 시작을 해야 하는 망막한 느낌이 사계절의 시작인 봄으로 비유하고 싶어하며 퇴행적인 행동을 보이기도 한다. 노을님이 생각하는 가을은 남편의 진정한 퇴직과 함께 자녀들은 결혼을 하면 부부가 맞이하는 제2의 인생인 가을이라고 하고 싶다. 그리고 가을은 창조적이며 노을님은 가을을 참 좋은 계절이고 싶어 한다. 그러나 현재 계절은 타인과 소통을 힘들어하고 사회에 막 나온 느낌으로 다시 시작하는 느낌을 갖고 있다. 스스로를 자신의 틀 안에 가두고 있다.

잘나가는 주변 사람들과 비교하고 상대적인 박탈감을 느끼고 있다. 주변 사람들에게 거절당하고 있다고 생각한다. 무표정하고 냉정한 사람이라는 등의 부정적인 사고와 거절에 대한 두려움이 크다.

상담 목표 및 전략

1. 상담 목표

① 내 인생의 가을이 행복하기 위하여 지금 현재의 즐거움을 찾는다.

② 인지, 정서, 행동상의 긍정적인 변화를 통한 자기 효능감을 증진한다.

③ 지금의 나이(봄)를 맞이하고 받아들이는 과정을 푸드아트테라피를 활용하여 맞이하고 받아들이기, 찾아 들어가기, 받아내기를 통해 긍정적인 전환으로 자기 효능감을 향상한다.

④ 나이 듦에 대해서 우울해하지 않고 행복하기 위해 긍정적인 사고 전환을 한다.

⑤ 하고 싶은 일을 찾고 지금의 나를 온전하게 수용한다.

2. 상담 전략 및 기법

인간은 순수 자성(純粹自性)의 상태로 태어나며 하늘로부터 받은 본성, 즉 천성에는 성장의 욕구와 무한한 잠재능력이 내재되어 있다. 환경과의 상호작용을 거치면서 성품에 차이가 발생하고, 잠재능력이 충분히 발현되지 못하거나 비정상적인 방향으로 발달이 반복되면서 사회적으로 병리현상이 증가하고 있다. 백세시대의 성공적인 노화를 위해 지금 이 순간을 알아차리고 잘 살아야 하며, 심전 훈련을 통해 마음밭의 크기를 확장하고 긍정적인 전환을 할 수 있어야 한다. 본 사례는 푸드를 활용하여 푸드가 지닌 컬러 에너지, 생명 에너지가 생명체의 욕구를 인정하고 가장 근본적인 잘살고 싶은 욕구를 알고 욕구를 해결할 수 있는 다양한 대안을 모색할 수 있도록 푸드아트테라피를 활용하여 상담을 진행하였다.

⊕ 푸드예술치료(FAT) 상담 과정에서의 효율적인 상담 기술

상담 단계	장의 흐름	하위 목표	상담 기술
맞이하기	애정 어린 시선	치료적 관계 형성하기	편안한 자세와 태도, 생태학적 감수성, 자연주의 테이블 세팅, 안전한 분위기 조성
받아들이기	정감 어린 교류	자기사랑, 자기 이해 증진하기	포용, 알아가기, 신체언어 사용하기, 반응하기, 깊은 이해, 받아주기, 받쳐주기
찾아들어 가기	진심 어린 관심	관점의 전환과 확장	전체를 바라보기, 명료화, 3不(불일치, 부자연, 불편함), 관찰하기, 마음 상자 탐색하기, 3有(욕구, 능력, 희망) 발견하기, 초점 두기, 대안찾기, 재구성하기
받아내기	생기 어린 한마당	새로운 세계 창조하기	해냄을 확인하기, 성장점 확인하기, 축하하기, 상호 반영하기, 살피기, 보살피기

⊕ 회기별 상담 목표와 주제

회기	상담 단계	주제	재료	목표
1회	맞이하기: 안전한 분위기 조성	또 다른 나라: 은퇴 후 생활 탐색, 신뢰감 형성, 상담 구조화	사전 검사지, 동의서, 커피원두, 후르츠링, 튀밥, 레몬, 집피겨, 기타 소품	수용하기
2회	받아들이기	새로운 나: 은퇴의 의미 구성과 재구성, 존재 가치 인정 I CAN DO IT !	커피 원두, 후르츠링, 향초, 색도화지	자기 사랑 자기 이해 증진
3회	받아들이기: 자기 감정 인식과 갈등 이해	매력 짱!: 재사회화 시도, 건강한 삶, 여유로운 삶, 나를 위한 찻상, 나를 위한 배려	커피 원두, 호두, 레몬, 단감, 사람 피규어, 색구슬, 전복 껍데기	자기감정 갈등 감정 인식

4회	찾아들어가기: 욕구 알기, 대안찾기	매력 짱!: 재사회화를 위한 긍정적인 사고 전환	파프리카, 레몬, 원두커피, 단감, 향초, 인물 피규어	3有(욕구, 능력, 희망) 발견, 문제 해결 방안 탐색
5회	찾아들어가기: 긍정 감정 발견과 감정 조절	건강하고 여유로운 삶: 내가 만든 이야기	찹쌀, 감, 전복껍데기, 커피 원두, 호두, 레몬, 단감, 사람 피규어, 색구슬	긍정 사고 전환
6회	받아내기: 해냄 확인, 성장점 찾기, 다지기	성공적인 노화: 가계도를 통한 가족 안의 나 탐색, 성공적인 노화를 위한 노력	방울토마토, 레몬, 국수, 진주구슬, 스파게티 국수, 피규어	성장점 수용
7회	받아내기: 축하하기, 상호 반영하기	인생이란?: 보따리 풀기!	밀가루, 레몬, 향초, 색구슬, 단감	보살피고, 살리고
8회	받아내기: 명료화	우리 부부의 모습: 하고 싶은 말, 듣고 싶은 말	소금, 밀가루, 검은색 도화지	마음 상자 탐색
9회	받아내기: 축하하기, 상호 반영하기	축복된 삶의 파노라마: 자서전 만들기, 나를 위한 꽃다발	찐달걀, 식빵, 달걀과자, 오이, 방울토마토, 국수, 파프리카, 귤, 찻잔, 향초	초점 두기
10회	받아내기: 해냄과 성장점 확인	희망: 마음밭의 기적, 나의 소원	곰돌이과자, 파프리카, 레몬, 식물, 사후 질문지	생기 어린 한마당, 축하하기

3. 상담의 전개

🔘 1회기 목표

① 맞이하기를 통한 자연 테이블 조성 ② 수용하기 ③ 안전한 분위기 조성

주제	또 다른 나라: 은퇴 후 생활 탐색
작품 스토리 및 의미	노을님을 맞이하기 위해 편안하게 느껴지는 나무와 황토집을 만들고 쌀과자로 폭신한 느낌을 주어 따뜻하게 맞이하기를 함. 노을님은 크리스마스 성탄절 느낌의 예수님의 말구유가 생각이 나고 편안하고 기분이 좋은 맞이하기라고 함.

◈ 회기 진행 중 성장점에 대한 통찰

상: 퇴직 후 생활에 대해 이야기해 줄 수 있을까요?

노을: 사실은 퇴직하고 후회했어요. 저의 끼를 발휘할 수 없더라구요. 다른 사람들은 퇴직을 하고도 가족관계를 잘하고 있는데, 나는 돌아왔는데 만날 가족이 아무도 없었어요. 사람들 앞에 나서는 것이 불안했어요. 혼자가 되어 버렸고, 내가 돌아왔는데 부모님도 없었고 남편도 없었고, 아이들은 이미 성장해서 계속 부딪히고 가족이 없어서 형제들에게도 콜을 해보았어요. 그런데 저에게 심심하냐고 비꼬는 소리를 했어요. 내가 돌아왔는데 아무도 없었어요.

🔘 2회기 목표

① 자기사랑 ② 자기이해 ③ 혼자서도 관계 속의 즐거움과 의미 있는 인생 찾기

주제	새로운 나: 은퇴의 의미 구성과 재구성
작품 스토리 및 의미	명예퇴직에 대한 새로운 의미를 받아들이고 커피 원두 알로 나의 능력의 가방을 만들어 보았다. 그리고 가방 안에 담고 싶은 능력을 담아 보고 이야기를 나눔. 능력의 가방 만들기를 통해 가방 안에 담고 싶은 것은 독립적으로 확고히 사는 것.

마음밭의 크기 받아들이기	능력의 가방

◈ 구성	◈ 재구성
가족의 행복, 남편과의 행복, 자녀들의 행복, 나 혼자서도 잘 살 수 있는 것을 담고 싶다. 소망은 자원봉사 하는 것, 숲 찾아가서 힘을 얻는 것, 감정이 다운되었을 때 알아차리고 기운 회복하는 것 찾아서 담기, 찬송가 부르기, 소리 내어 노래 부르기, 가족 속에서도 편안하게 혼자 살 수 있는 용기	대학이나 대중들 앞에 나서서 다문화, 언어 등의 강의하는 모습의 당당함을 담고 싶다. 뮤지컬 배우로 무대 위에도 서고 싶다. 그림도 그리고 싶다.

◈ 회기 진행 중 성장점에 대한 통찰

상: 오늘 상담이 어떠셨나요? (내담자의 알아차림 받쳐주기)

노을: 기분이 좋았어요. 선생님이 우리 아버지처럼 다시 저의 죽어 있는 부분들을 꺼내 주셨어요.

상: 그 모든 것들이 모두 어디에 있었나요? (존재 가치 확인하기)

노을: 그런데 능력의 가방을 만들어 보니 안에 담고 싶은 것이 많아졌고 해야할 일이 많구나를 알았어요. (자기 능력 알아가기)

🎯 3회기 목표

① 자기감정 인식 ② 자기 안의 갈등 감정 인식과 해결 ③ 내 마음밭 받아들이기

주제	재사회화 시도
작품 스토리 및 의미	재사회화를 위해 내가 할 수 있는 것들을 찾아보니 참 많다. 그럼에도 나의 가족들은 함께 태우고 가고 싶다. 능력의 가방을 채우기 전에 나의 가족의 기차 찻상 크기의 마음밭을 받아들여야 한다.

기차 찻상 마음밭	능력의 가방

◆ **구성**

재사회화를 위해 나의 마음밭의 크기를 받아들이려고 한다. 기차 모양 찻상을 만드니 가족들을 모두 태울 수 있다. 기차 찻상의 의미는 가족이 함께이고 풍성한 음식이 있어야 한다. 남편은 차를 함께 마신 적이 없다 집에 와도 TV를 보고만 있고 노을님을 투명인간 취급이다. 대화도 20초, 40초… 대화가 안 된다. 보통 남편과 다르다. 요청하기 전까지 음식을 줘도 안 된다. 단지 내가 할 수 있는 것은 남편이 아프다고 하면 다리를 주무르는 것이다. 남편은 가부장적인 사고로 근접하기 힘든 사람이다.

◆ **재구성**

나의 능력의 가방이 더 불룩해지고 있다. 내가 원하는 대로 해야 하고 가족과 함께 차를 마신다고 하면 화려하고 멋지게 차려내기를 원한다. 준비하기 위한 시간이 걸린다. 나는 편하게 쉽게 하면서 가족과 함께 할려고 하니 준비해야 할 것이 너무 많다. 그런데 내가 준비하는 동안 가족이 기다리다가 지치지 않을까? 불안감이 있어서 자주 실수하고 있다. 딸에게 밥을 차려 놓고 밥 먹어라, 반찬은 못 하지만 딸이 원하는 것을 해주려고 한다. 자식한테 당당하지 못하고 남편에게 당당하지 못해 항상 불안하고 실수하게 된다.

상: 내 인생의 가을에 필요한 것이 무엇일까요?

노을: 그냥 모든 것을 아무렇지 않게 받아들이는 것, 생각하고 비판하지 않고 있는 그대로를
　　　수용하고 내 감정을 알아주는 것이겠죠.

🔘 4회기 목표: 나의 3有(욕구, 능력, 희망) 발견

주제	재사회화를 위한 노력: 긍정적인 사고 전환
작품 스토리 및 의미	내 인생의 가을이 행복하기 위해 재사회화를 위한 노력을 하고 내가 할 수 있는 것은 내가 한다. 긍정적인 사고 확장을 위한 가장 행복했던 날들, 좋은 세계 사진으로 가족 안에서 나의 역할을 하고 있었을 때 엄마라는 것, 아내라는 것 인정받았을 때, 가족이 소통되었을 때, 가족이 하나라고 생각되었을 때, 우리 어머니 아버지가 살아계셨을 때가 가장 행복했다.

◈ 구성: 함께하는 우리 가족	◈ 재구성 1: 받아들이기

원 안에 부모님, 가족이 함께 있었을 때 자기 삶을 살지만, 함께 모이기도 하고 부모님이 함께하셨을 때 물질적인 것이 힘들어도 함께하고 있음이 느껴질 때.	부모님이 돌아가시고 가족이 각자 다른 곳을 보고 있지만 원 안에는 가족이 함께 있는 모습을 바라보게 되었다.

◈ 재구성 2: 노년기(가을)	◈ 재구성 3: 노년기(겨울)

자녀 결혼 후 남편과 둘이 남아서 함께 같은 곳을 바라보고 함께 있는 모습. 잘 맞춰 주고 편안하게 해주고 싶다.	모두 내려놓고 살고 싶은 고향에서 조용히 사는 모습. 남편과 농사도 함께 짓고 함께 있기. 노후의 이중생활 꿈꾸기를 하고 있다.

아버지는 항상 최고라고 말하고 나를 자랑스럽게 생각해 주셨다. 엄마는 아주 조용하고 다소 곳하신 분이셨다. 뇌졸중으로 몸을 움직일 수 없어서 요양원에 계실 때 엄마를 보러가는 것이 즐거웠다. 나의 욕구는 가족과 함께하기, 남편과 함께 노년을 보낼 수 있는 희망과 기대를 하고 있음을 작품 구성과 재구성을 통해 알아차림 하였다.

⚙️ 5회기 목표: 긍정 사고 전환

주제	건강한 삶, 여유로운 삶
작품 스토리 및 의미	바다 같기도 하고 육지 같기도 하고 자연 속에서 물흐르 듯이 산과 들이 공존하는 삶, 자연스러운 자연인의 모습을 표현함. 〈가족 안에 가린 부정성으로 좌절이 있다. 남편에 대해 마음을 내려놓음, 큰딸에 대한 품어 주는 존재로 엄마의 역할을 하자 딸의 행동과 언어도 그저 품어 주자〉

작품 구성

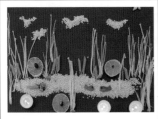	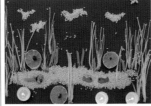	
◈ 구성 바다의 꽃으로 피어 있고 구름으로 떠다니고 나무가되어 보기도 하고 산과 들, 물고기도 있고 날아가는 새, 구름도 있고 함께 공존하고 있는 모습이다.	◈ 재구성 1 찹쌀을 바닷속에 뿌리고 나니 하늘과 구름과 물고기가 함께 소통하고 있는 느낌이다.	◈ 재구성 2 레몬과 향초를 없애고 나니 훨씬 공간이 넓고 자연스러운 자연인이 되어 바람처럼 막힘이 없고 걸림이 없어 평온하다.

◈ 다르게 해보고 싶은 점

작품을 구성하고 나니 동시로 표현해 보고 싶다.

◈ 동시

나는 바람!

나는 하늘을 날고 있는 새

나는 하늘 위를 떠다니는 구름

나는 바다를 헤엄치는 물고기

나는 환하게 피어나는 꽃

나는 어둠을 비추는 빛

나는 넘실넘실 대는 물결

나는 어디든 갈수 있는 바람~

6회기 목표: 성장점 수용

주제	우리 집 가계도를 통한 가족 안의 나		
맞이하기	구성: 가계도, 받아들이기	재구성: 찾아 들어가기	받아내기
 생명을 주신 부모님	 친가 쪽은 부모님, 언니와 오빠, 자녀 중 둘째랑 친함.	 남편과의 과도한 의존과 집중과 밀착을 알아차리고 남편과의 밀착된 선을 조절함.	남편은 큰형과 여동생만 각별한 사이, 나머지는 모두 남편 형제들, 자신의 행복감과 형제들만 챙김. 남편이 안정되기 위해 친구, 형제, 사업과 삼각 구도를 만든 형태를 알아차림.

◆ **회기 진행 중 성장점에 대한 통찰**

생명을 주신 우리 부모님! 세상을 보는 눈과 지적인 능력과 스토리텔링을 해 주셨다. 문학을 할 수 있는 재능을… 어머니는 조용하면서 부지런함과 인내심을 주셨다. 요리도 잘하셨는데 나는 좀 못한다. 남편은 나에게 독립심을 주었다. "알아서 혼자서 해!"라는 말을 자주 한다. 친정 부모님은 남편에게도 참 잘하셨다.

나는 남편이 있는 여자인데, 남편이 없어 남편이 없는 여자인 것 같은데 남편이 있다.

남편은 나를 투명인간 취급을 하고 스킨십이 없다. 부부관계에 무관심, 의욕이 없다, 화가 나면 집을 나가 버린다. 화가 나면 맞짱을 뜨기도 하지만, 조용히 짐을 싸서 나가 버린다. 가족을 챙기거나 아내를 챙기지 않고 무시해 버린다.

내 남편은 내가 분노 표현을 하면 더 큰 불이 된다. "물어보지 마, 알려고 하지마…." 그리고 남편은 자기 맘대로 해버린다. 남편은 통풍, 고혈압, 병원에 자주 가는 편이고, 무관심, 냉정함, 그러나 타인에게는 잘한다. 내가 남편한테 갔을 때도 시체처럼 누워 있다가 온다. "여보, 나 힘들어. 나도 외로워!" 이런 말은 나를 뒤집어 버리고 더 아픈 말이 나를 힘들게 한다. 나를 거절하고 무시하니 불안하고, 의심이 들고, 남편에 대한 분노가 있다. 뒤지게 때리고 싶고 자근자근 밟아버리고 싶을 때도 있다. 남편의 행동을 확인하고 안심해 하는 행동 패턴을 반복하는 나를 보고 우울하고 분노하는 나를 보게 됨. 이런 식의 삶이 화가 난다. 이럴 때마다 할 수 있는 방법은 의심을 하지 않아야겠다.

사업가 남편을 이해하기 위해 노력해야 하고, 남편의 일을 존중해 주자. 남편의 살아 있는 삶에 대해 분노하지 말자. 남편의 자유로운 삶에 대해 수용하자.

7회기 목표: 보살피고 살리고

주제	인생이란 보따리/즐거운 항해

맞이 하기		그냥 갑자기 눈물이 난다. 울고 싶다. 내가 잘했다. 충분히 잘했다라고 하는 순간 눈물이 난다. 여기까지 온 네가 대견하구나. 참 잘했다!

작품 구성		
 인생은 여행이다!	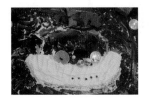 즐거운 배	 항해하는 배
◈ 구성 인생은 항해하는 배와 같다. 친정 부모님과 남편과 두 딸과 함께 한 배에 타고 가는 여정이 복잡하지만 병간호하면서 돌보면서 함께해서 즐겁다.	**◈ 재구성 1** 친정 부모님이 돌아가시고 조금은 허전하지만 두 딸이 어렸을 때 함께한 남편이 있어 힘들어도 참을 수 있었다.	**◈ 재구성 2** 돌아가신 부모님에게 자랑스러운 딸이 되고 싶다. 그리고 두 딸과 남편이 함께 한 배를 타고 즐겁게 항해 하고 싶다.

◈ 회기 진행 중 성장점에 대한 통찰

노을님: 추억도 있고 많은 것들로 소란스럽고 즐거울 것 같다. 불도 켜져 있고, 신이 나고 즐거운배, 노랫소리, 웃음소리가 들리는 배…. 물고기도 있고, 바다에 배가 떠 있어요. 여기는 하늘이고… 물고기가 있어요. 선생님과 이야기하는 것처럼 어떤 속으로 몰입하고 있는 느낌이 들어요.

상: 어떤 속으로 들어가는 것 같아요./**노을님**: 연극하는 것처럼요. /**상**: 여러 가지 보따리 중 풀어야 할 보따리가 모두 풀었을까요? (**마음 상자 탐색**)/**노을님**: 모두 풀었다면 거짓말이고 제가 좀 더 생각도 해보고 변해야 될 거 같아요. 그래도 풀고 싶은 만큼 풀었어요. 인생은 여행이고 항해와 같아요. 여행은 즐거워야 하지요? 그러나 항상 즐거울 수만은 없겠지요? 인생은 항해와 같으니까 바람도 불고 폭풍우도 불고… 항상 즐거울 수만은 없겠지요./**상**: 이 배 안에 노을님은 어디에 있나요? (**존재감 확인하기**) 또 배 안에 태우고 싶은 사람이 있나요? (**관점의 확장**)

노을님: 남편도 태워야겠네요. 부모님과 딸이 있고 나도 있고, 추억들이 있고, 꿈들고 있고, 집도 있고, 하나님의 부르심도 있어요/**상**: 여기까지 오게 한 것이 기도의 힘이고 견뎌내는 과정이네요. (**해냄 확인**) 부르심은 어떻게 온가요? (**성장점 확인. 자립 확인**)/**노을님**: 인생의 부르심으로 올 수 있고, 아예 인생을 마감할 때 오는 부르심이 있어요.

⦂ 8회기 목표: 마음 상자 탐색

주제	우리 부부 모습		
구성	구성	재구성 1	구성 2
귀와 입- 하고 싶은 말, 듣고 싶은 말	평상시 부부 모습	남편과 나 소리치는 남편	남편과 나 이야기하는 남편
◈ 회기 진행 중 성장점에 대한 통찰			

남편에게 하고 싶은 말: 입술과 귀를 만들고…

입술을 대고 ○○아빠, 당신이 그렇게 고생해서 하고 싶은 큰 꿈을 위해 뿌듯하고 행복할 때가 좋을 거야. 신나게 사는데 건강했으면 좋겠고, 가족을 잊지 말았으면 좋겠어. 그리고 나를 좀 생각해 주었으면 좋겠어….

무슨 말을 해야 할지 모르겠어요, 남편한테 혼날까 봐. 사랑해, 여보! 잘살자, 여보! 사랑해. 나 좀 사랑해 줘. 듣고 싶은 말은 ○○엄마 사랑해! 듣고 싶죠.

⊞ 9회기 목표: 나에게 초점 두기

주제	축복된 삶의 파노라마: 자서전 만들기		
맞이하기: 탄생	구성 1: 학창 시절	구성 2: 결혼과 퇴직	구성 3: 명퇴 후
맞이하기 재구성 소나무 아래 휴식	초·중·고 공부 잘해서 인정받은 나. "학창 시절의 즐거움", 나는 오이잔	부모님과 가족이 함께 행복함, 나는 오이잔, 결혼부터 퇴직까지의 삶: 희로애락/ UP's& DOWN, 찾아 들어가기	창밖에 나무가 있는 집의 마지막 삶의 터전/나는 작은 화분에 있는 식물, 새로운 삶에 뛰어든 거죠.
회기 진행 중 성장점에 대한 통찰	부모도 없고 남편도 없고, 나를 지지해 주는 둘째도 없고, 공동체도 없고 친구도 없고, 내가 나를 사랑하고 이해하자. 명상하는 나, 지금의 삶을 그대로 받아들이자!		

◈ 재구성 1: 나의 자서전

⚙️ 9회기 작품 재구성 중, 찾아 들어가기와 받아내기를 통한 긍정 사고 전환 과정 축어록

상: 오늘 기분은 어떠신가요? **(살피기)**

노을님: 선생님 덕분에 요리에 신경을 쓰게 되었어요. 그런데 상담을 하면서 힘든 부분이 있어요. 몸이 아프고 마음이 아프네요. 더 피곤한 것 같고 뭔가 쉽지 않은 것 같아요. 어제는 몸이 감기기운이 있는것 처럼 열감기가 있는 것처럼 뻐근하고 아팠어요. **(신체언어로 표현하기)**

상: 몸이 뻐근하고 피곤하고 마음도 많이 아프셨네요. **(신체언어 반영하기)** 노을님이 그동안 사용하지 않았던 마음을 들여다보고 내비치는 일이 힘드실 거예요. 마음에도 근육이 있지요. 그냥 무시하고 모르는 척하고 있던 부분을 내놓다 보니 힘든 것 같아요. 내면을 표현하지 않고 참고 있던 마음을 내놓을려니 힘드실 거예요. 그리고 매일 하다 보니 더더욱 힘드실 겁니다. 노을님이 내면의 힘이 강하고 자신을 잘 찾아가기 위한 의지가 있으셔서 가능한 상담이었어요. **(지지하기와 힘에 초점 두기)**

상: 어떤 부분이 가장 힘들었을까요? **(초점 두기)**

노을님: 감기 몸살처럼 몸이 으슬거리고 생각을 좀 더 하게 되고 남편에 대한 분노가 더 오기도 하고, 그리고 또 그냥 넘어갈 수 있는데 전화 멘트를 지우기도 하고, 필요 없는 사람들 연락처를 지우기도 하고, 내 자신이 거지 같다고 생각하게 한 사람, 사랑이나 외로움에 대한 거지처럼 구걸했던 사람들의 번호를 지우고 있더라구요….

상: 미래의 좋은 세계 안에 함께 있는 부부의 모습을 원하지 않으신가요? **(불일치 탐색)**

노을님: 선생님하고 이야기를 하면서 정리가 되고 거리를 둬야 하는 부분을 알아차리고 있었어요. 내가 구걸하지 말자. 나를 사랑하자는 생각이 들었어요. **(긍정 사고 전환)** 나를 잘 사랑하자, 내가 이기적이거나 독선적이지 않으면서 사랑할 수 있

　　　　　는 마음을 순간순간 사색을 하고 있더라구요.

상:　　　아! 그래요. 노을님의 알아차림이 빠르시네요. 많이 아프다는 마음을 알았
　　　　　다는 것은 변화하고자 하는 마음이 있다는 거네요. **(희망 불어넣기)**

노을님:　잘살아야겠다는 마음이 들었어요. 본인이 살아온 가치관이나 신념이 굳어
　　　　　져 있다는 것을 알게 되었어요. **(성장점 확인)**

상:　　　그래요. 가진 것이 많은데도 만족을 못 하고 못 가진 부분에 가려져서 더
　　　　　크게 보이네요.

노을님:　그런 부분이 어린 시절에 있었던 것을 알게 되었어요. 어느날 갑자기 나온
　　　　　것이 아니라는 것을 알았어요…. 선생님을 만나면서 어린 시절을 돌아보게
　　　　　되었어요. 어린 시절 시골에서 자랐고 초등학교, 중학교, 대학교도 항상 열
　　　　　심히 해서 공부도 잘했고, 남편을 만나서 그래도 행복했는데 퇴직 후부터
　　　　　온 남편의 거절감, 그로부터 온 우울감, 위축감이 힘들었던것 같아요. 적응
　　　　　하려고 했지만 참 힘들었어요. 버킷리스트를 실천해 보려고 하면서 그동안
　　　　　두렵고 못 해봤던 일을 해보자고 했을 때 현실적이지 못했고, 이렇게 살면
　　　　　안 되겠다라는 생각을 덮어 버리고 살았는데 선생님을 만나면서 잘살아야
　　　　　겠다는 생각 전환을 하게 되었어요. **(성장점 확인, 긍정적인 사고 전환)**

상:　　　노을님은 남편을 노을님 마음에 들도록 하지 못한 것이 속상하신가요? **(욕
　　　　　구 확인)**

노을님:　그러죠…. 그러나 그건 포기했어요. 단지 다른 가족의 부부 생활과 비교해
　　　　　보았을 때 우리 부부는 중간도 안 되는 것이 아닐까? 이래도 되는 걸까? 내
　　　　　가 잘못 살고 있는 걸까? 하는 의심이 드는 거지요. **(관점 전환 시도)**

상:　　　보통 부부는 되고 싶은 거네요. **(받아주기)**

노을님:　그렇지요. 내 주변에는 모두 나보다는 잘 살고 있는 것 같아요. 낮에는 괜
　　　　　찮은데 밤에 힘들어요. 잠을 자다가 깰 때는 더더욱 그러지요….

상:　　　노을님은 매번 노을님을 인정해 줄 사람을 찾고 있는 것 같네요? 내말이
　　　　　맞나요? **(기대와 욕구 재확인)**

노을님:　그렇죠. 나를 인정해 주는 사람은 나를 받아주는 것 같고 나를 편하게 해주

는 것 같아요.

상: 아, 그래요! 나를 인정해 주는 사람은 나를 받아주는 것 같고 나를 편하게 해주기 때문에 인정받고 싶은 거네요. **(반영하기)** 그러면 노을님이 노을님을 인정해 주면 안 될까요? 내가 나를 인정하는 것에 대해 어떻게 생각하나요? **(관점 전환하기)**

노을님: 내가 나를 인정해 주는 것… 지금은 내가 나를 인정해야죠. 나를 인정해 주는 사람이 없으니까 여기서는 내가 나를 인정하는 삶을 살고 싶네요. **(전환점에 대한 알아차림)**

상: 누구의 인정보다도 진정으로 나를 인정할 수 있는 용기 안에 노을님의 성장점이 있었네요. **(성장점 확인하기)** 용기를 내고 있는 노을님에게 주는 축하 꽃다발을 만들어 보게요.

⊕ 9회기 재구성 2: 용기 있는 나를 위한 축하 꽃다발

◈ 맞이하기: 꽃다발	◈ 구성: 나에게 주는 꽃다발/받아들이기

방울토마토와 국수, 달걀과자, 후르츠과자를 섞어서 화려함을 준 맞이하기 꽃다발.	화려함보다는 수수하고 조화로움을 주고 싶어서 방울토마토를 없애고 초록빛 식물 덩굴을 곁들이니 안정적으로 다가오는 꽃다발.
◈ 재구성: 부채꽃 찾아 들어가기	◈ 받아내기: 동시
	부채꽃
자세하게 나의 마음을 들여다보니 창피한 마음을 가려 주고 싶다. 답답함도 가려 주고, 눈물도 닦아 주고, 격려해 주는 뜻으로 향초를 넣었더니 밝음과 따스함으로 응원을 받는 느낌이다.	땀을 식혀 주는 부채꽃 답답함을 없애 주는 부채꽃 흐르는 눈물을 닦아 주는 부채꽃 수치를 가려 주는 부채꽃 격려해 주는 부채꽃 박수갈채 같은 부채꽃

🎲 10회 목표: 생기 어린 한마당, 축하하기

주제	마음밭의 기적, 나의 소원		
맞이하기: 행복한 가을	받아들이기	찾아 들어가기: 미소	받아내기

재구성 1: peace & joy	재구성 2: 찾아 들어가기: joy와 음표	재구성 3: 받아내기: 해냄과 성장점 확인	받아내기: 성장점 확인 높은음자리표
대긍정 내 인생의 대긍정: peace & joy			

6부

푸드예술심리상담사 자격 사항과
푸드아트테라피 전망

바로 그 순간 나를 둘러싸고 있는 모든 것이
하나의 거대한
우주적 춤을 추고 있다는 것을 돌연 깨달았다.
– 프리초프 카프라 –

FOOD
ART THERAPY

CHAPTER

13

푸드예술심리상담사로 거듭나기

맞이하기

맞이하기 단계에서의 효율적인 상담 기술은 상담자 자체의 편안한 자세와 태도, 생태학적인 감수성, 자연주의 테이블 세팅, 안전한 분위기 조성 등이며, 인위적으로 유도하지 않아도 내면의 감정과 생각으로 심리적인 위로와 마음의 안정감을 주는 '**치유자의 힐링**'을 생각하며 맞이하기를 준비하였다.

푸드예술심리상담사로서의
거듭나기 위해 꼭 필요한 것을 찾아보아요!

PART 1

푸드예술심리상담사 자격관리 · 운영 규정

2016. 1. 1. 규정
2018. 5. 1. 개정

제1장 총칙

제1조 (목적) 이 규정은 민간자격검정(이하 "검정"이라 한다.)의 업무를 엄정하고, 효율적으로 시행하기 위하여 필요한 사항에 대하여 규정함을 목적으로 한다.

제2조 (용어의 정의) 이 규정에서 사용하는 용어의 정의는 다음과 같다.

1. "시험위원"이라 함은 출제위원, 감수위원, 본부위원, 책임관리위원, 시설관리위원, 보조위원, 시험감독위원, 복도감독위원, 방송통제위원, 실기보조위원, 채점위원 및 기타 독찰위원을 말한다.

2. "답안카드"라 함은 광학판독기에 의하여 채점되는 필기시험 답안지를 말한다.

3. "답안지"라 함은 검정 시행 종목 중 수작업에 의하여 채점되는 필기시험 답안지 (주관식 시험 문제지 포함) 및 실기시험 시행 시 순수 필답형으로 시행하는 종목의 답안지를 말한다.

4. "비번호"라 함은 답안지 및 작품 채점 시 채점의 공정을 기하기 위하여 답안지 및 작품이 어느 수험자의 것인가를 알지 못하도록 답안지 및 작품에 숫자 또는 문자로 표시하는 비밀부호를 말한다.

5. "등번호"라 함은 검정시행 시 수험자의 인적사항을 알지 못하도록 수험자의 등에 부착하는 숫자 또는 문자로 표시하는 부호를 말한다.

6. "작품"이라 함은 실기시험 시행 종목 중 작업형 시행 종목의 작품 및 답안지를 말한다.

제3조 (적용 대상) 이 규정은 검정을 시행하는 푸드예술심리상담사 자격관리위원회 자격위원과 검정 관련 업무 종사자(시험위원 등) 및 기타 검정 업무와 관련이 있는 자(수험자 등)에게 적용한다.

제2장 업무 구분

제4조 (검정 업무의 구분)

① 한국푸드아트테라피학회는 민간 자격의 검정 업무 전반을 주관·시행하며 다음 각호의 업무를 수행한다.

1. 검정시행계획의 수립 및 공고에 관한 사항

2. 검정 출제기준의 작성 및 변경에 관한 사항

3. 검정 업무의 기획, 제도 개선에 관한 사항

4. 시험위원의 위촉, 활용에 관한 사항

5. 검정 시험 문제의 출제·관리 및 인쇄·운송에 관한 사항

6. 필기시험 답안지의 채점 및 합격자 사정에 관한 사항

7. 합격자 관리 및 자격수첩 발급·관리에 관한 사항

8. 검정사업 일반회계 운영에 관한 사항

9. 기타 민간자격검정 업무와 관련된 사항

② 시행 주관팀(부)에서는 다음 각호의 업무를 수행한다.

1. 수험원서 교부·접수, 수험 연명부 작성 및 안내에 관한 사항

2. 검정 세부실시계획 수립 및 운영에 관한 사항

3. 검정집행 업무(시험장 준비, 시험위원 배치, 시험 시행 등)와 관련된 사항

4. 실기시험 답안의 현지 채점에 관한 사항

5. 합격자 명단 게시공고 및 자격수첩 교부에 관한 사항

6. 시험위원 추천 및 위촉 업무에 관한 사항

7. 부정행위자 처리에 관한 사항

8. 검정수수료 수납에 관한 사항

9. 기타 검정사업의 집행 업무와 관련된 사항

제3장 검정기준 및 방법

제5조 (민간자격의 취득) 본 푸드예술심리상담사의 민간자격을 취득하고자 하는 자는 시험에 응시하여 합격하여야 한다.

제6조 (자격등급) 푸드예술심리상담사의 자격등급은 1급, 2급, 3급으로 한다.

제7조 (검정의 기준) 검정의 기준은 다음과 같다.

응시하고자 하는 자격등급에 대하여 전문 지식을 가지고 임상에서 숙련되게 수행할 수 있는 직무능력의 유무

① 푸드예술심리상담사 1급은 전문가 수준으로서 임상에서 숙련되게 상담을 수행할 수 있는 직무능력을 갖추고 아동, 청소년, 가족 관련 영역에서 푸드아트테라피의 강의와 교육 및 프로그램을 진행할 수 있는 능력의 유무

② 푸드예술심리상담사 2급은 준전문가 수준으로서 아동, 청소년, 가족 관련 영역에서 다양한 푸드아트테라피 프로그램을 수행할 수 있는 능력의 유무

③ 푸드예술심리상담사 3급은 지도사 수준으로서 아동, 청소년, 가족 관련 영역에서 푸드아트테라피 프로그램에 대한 보조업무를 수행할 수 있는 능력의 유무

제8조 (검정의 방법)

① 검정은 필기시험 및 기타 구술면접시험으로 시행한다.

② 필기시험의 방법은 다음과 같다.

1. 시험과목은 자격종목에 따라 출제기준에 정한 과목으로 한다.

2. 시험 형태는 5지선다 객관식 및 주관식 혼용으로 한다.

3. 과목별 시험 문항 수 및 시험 시간은 별표1과 같다.

③ 기타 구술면접의 방법은 다음과 같다.

1. 시행 종목별로 주어진 상담 사례에 대한 과제 해결을 통하여 현장 실무능력을 측정한다.

2. 시험 시간은 과목별 40분으로 종목별 배정 시간으로 한다.

3. 평가 방법은 시행 종목의 평가 항목별 세부배점 기준에 따라 점수를 부여한다.

제9조 (응시 자격)

① 응시 자격은 다음과 같다.

1. 푸드예술심리상담사 1급의 응시 자격은 다음과 같다.

가) 만 35세 이상인 자로서, 대학원을 수료 혹은 졸업한 자

나) 대학에서 상담 관련 과목을 3과목 이상 이수한 자

다) 2급 자격증을 취득한 후 1년이 경과한 자

2. 푸드예술심리상담사 2급의 응시 자격은 다음과 같다.

가) 4년제 대학을 졸업하거나 졸업 예정자

나) 대학에서 상담 관련 과목을 2과목 이상 이수한 자

3. 푸드예술심리상담사 3급의 응시 자격은 다음과 같다.

가) 2년제 전문대학을 졸업하거나 졸업 예정자

나) 대학에서 상담 관련 과목을 1과목 이상 이수한 자

② 응시 자격 종목별 교육 이수사항은 다음과 같다.

1. 푸드예술심리상담사 1급은 다음 과정을 모두 마친 자에게 부여된다.

가) 1급 양성 과정 80시간 이수

나) 실습 50시간(참관수업 포함)

다) 사례 발표 3회 이상

라) 학회에서 주최하는 특강 3시간 수료

2. 푸드예술심리상담사 2급은 다음 과정을 모두 마친 자에게 부여된다.

가) 3급 자격증 취득 또는 학회가 인정하는 상담 과정을 40시간 이상 이수

나) 2급 양성 과정 80시간 이수

다) 학회에서 주최하는 특강 3시간 수료

3. 푸드예술심리상담사 3급은 다음 가) 나) 과정 중 한 가지를 마친 자에게 부여된다.

가) 대학 부속 평생교육원에서 45시간을 이수한 자

나) 학회에서 주최하는 3급 양성 과정 45시간을 이수한 자

제10조 (검정의 일부 면제)

① 필기시험 또는 실기시험 중 1개만 합격한 경우, 이후에 시행되는 시험에 있어서 연속하여 2회에 한하여 합격한 필기시험 또는 실기시험을 면제한다.

② 필기시험 불합격자 중에서 시험과목별 100점 만점 기준 60점 이상 득점자에 한하여 이후에 시행되는 시험에 있어서 연속하여 1회에 한하여 해당 과목을 면제한다.

제11조 (합격 결정 기준)

① 필기시험은 과목당 100점 만점 기준 40점 이상이며, 평균 점수가 60점 이상인 자를 합격자로 결정한다.

② 실기시험은 100점 만점 기준 60점 이상인 자를 합격자로 결정한다.

③ 필기시험과 실기시험에 모두 합격한 자를 최종 합격자로 결정한다.

제4장 수험원서

제12조 (검정 안내)

① 한국푸드아트테라피학회는 검정의 종목, 수험 자격, 제출 서류, 검정 방법, 시험과목, 검정 일시, 검정 장소 및 수험자 유의사항 등을 포함한 검정 안내서를 작성 배포할 수 있다.

② 한국푸드아트테라피학회의 모든 직원들은 수험자로부터 검정시행에 관한 문의가 있을 때에 이에 성실히 응답하여야 한다.

제13조 (수험원서) 시험에 응시하고자 하는 자는 수험원서 및 응시 자격 관련서류를 제출하여야 한다.

제14조 (원서 교부)

① 수험원서(이하 "원서"라 한다)는 공휴일 및 행사 일을 제외하고는 연중 교부한다.

② 원서는 1인 1매씩 교부함을 원칙으로 하되, 단체 교부도 할 수 있다.

제15조 (원서 접수)

① 원서 접수, 검정수수료(이하 "수수료"라 한다) 수납 업무는 복무 규정의 근무시간 내에 한함을 원칙으로 한다.

② 원서는 주관팀 및 한국푸드아트테라피학회에서 접수함을 원칙으로 한다.

③ 우편접수는 접수 마감일까지 도착분에 한하며, 반신용 봉투 (등기요금 해당 우표 첨부, 주소 기재 등) 1매를 동봉한 것에 한한다.

④ 수험표는 원서 접수 시에 교부한다. 다만, 우편 접수자에게는 우편으로 우송할 수 있고, 단체 접수자는 접수 종료 후 교부할 수 있다.

⑤ 원서 접수 담당자는 원서 기재 사항 및 응시 자격 관련서류를 확인하고 접수받아야 한다.

제16조 (수험번호 부여) 원서 접수에 따른 수험번호 부여는 지역별로 지정된 수험번호 부여 기준에 따라 부여하여야 한다.

제17조 (수수료)

① 검정을 받고자 하는 자는 수수료를 납부하여야 한다.

② 검정을 받고자 하는 자가 이미 납부한 수수료는 과오납한 경우를 제외하고는 이를 반환하지 아니한다.

③ 수수료는 현금으로 수납함을 원칙으로 한다. 단, 우편환 증서, 자기앞 수표는 현금으로 간주한다.

④ 수수료는 원서 접수 시에 수납함을 원칙으로 한다. 단, 마감일에 수납된 수수료는 마감일로부터 2일 내에 예입한다.

⑤ 마감 후에 수납된 현금은 금고에 보관하고 은행에 예입할 때까지 필요한 조

치를 취해야 한다.

⑥ 수수료에 대한 영수증은 별도 발급하지 않고 수험표로 이를 갈음한다. 단, 단체 접수의 경우에는 수납 총액이 기재된 단체 접수 영수증을 발급한다.

⑦ 검정수수료 자격증 종목은 1급 50,000원, 2급 50,000원, 3급 50,000원으로 한다.

제18조 (접수 현황 및 수험자 파일 보고)

① 주관팀은 원서 접수 마감 종료 후 종목별 접수 현황, 검정 수수료 내역 등을 한국푸드아트테라피학회로 제출하여야 한다.

② 주관팀은 원서 접수 마감일로부터 10일 이내에 수험 연명부, 필기시험 면제자 명단, 필기시험 과목 면제자 명단, 실기시험 면제자 명단 등 수험자 파일을 한국푸드아트테라피학회로 제출하여야 한다.

제19조 (검정 시행 자료 등의 준비)

① 한국푸드아트테라피학회는 시험실 배치 계획표, 좌석 배치표, 수험자 명단 등의 시행 자료를 발행해야 한다.

② 검정시험본부는 실기시험 시행 자료 중 소요 재료 목록에 의거 지역별 시행 종목의 재료, 공구, 장비 목록을 작성하여 주관팀에 통보하여야 한다.

제5장 검정시행 준비

제20조 (수험사항 공고 및 통지) 주관팀은 시행 자격종목, 시험일시, 수험자 지참물 등에 대해 수험원서 접수 시 사전 공고 및 수험표에 기재하여 통보하고, 사전 공고가 불가능한 때에는 원서접수 시에 게시 안내하여야 한다.

제21조 (시험장 준비)

① 시험장 책임자는 주관팀으로 하며 책임 관리위원은 자격관리위원장으로 한다.

② 시험장 책임자는 당해 종목시행에 적합한 시설, 장비 등을 사전에 점검하여 시험 시행에 지장이 없도록 하여야 한다.

제22조 (실기시험 재료) 검정사업단은 검정시행 일주일 전까지 각 시험장에 자격 종목별 소요 재료의 납품을 완료토록 조치하여야 하고, 주관팀은 납품된 검정 재료의 이상 유무를 확인하여야 한다.

제23조 (시험본부 설치 운영) 주관팀은 검정시행 업무를 총괄 지휘하기 위하여 자체 운영에 필요한 시험본부를 설치·운영하여야 한다.

제6장 출제 및 감수

제24조 (출제·감수위원 위촉)

① 시험 문제를 출제할 때에는 각 종목 또는 과목별마다 출제위원을 위촉한다.

② 시험 문제의 출제는 보안을 철저히 유지하도록 하여야 한다.

제25조 (출제·감수위원 위촉기준) 출제위원 또는 감수위원은 대학(전문대학 포함)에서 해당 분야 겸임교수 이상 재직하는 자 혹은 해당 분야 박사학위 소지자로 위촉한다.

제26조 (시험 문제 원고의 인수, 보관, 관리 등)

① 시험 문제의 사전 유출을 방지하기 위하여 검정 시험본부장은 시험 문제의 인수, 보관, 관리 등에 대한 지휘·감독의 책임을 지고 보안 유지에 최선의 노력을 다하여야 한다.

② 담당 팀장은 실무자급으로 시험 문제 관리 담당자를 지정할 수 있다.

③ 시험 문제 관리 담당자는 출제위원으로부터 시험 문제 원고를 인수한 즉시 출제된 문제가 출제 의뢰한 사항과 일치하는지의 여부를 확인하고 동 시험 문제를 봉인한다.

④ 시험 문제는 제한구역에 보관하며, 열쇠는 담당 팀장이 보관하고, 동 제한구역의 개폐는 담당 팀장 또는 시험 문제 관리 담당자만이 할 수 있다.

제27조 (시험 문제의 감수)

① 시험 문제의 감수는 한국푸드아트테라피학회 자격관리위원회가 지정한 장소에서 시험 문제 관리 담당자 또는 담당 팀장이 지정한 직원의 입회하에 수

행되어야 한다.

② 시험 문제 감수는 종목별 또는 과목별로 시행하되, 시험 문제 출제 직후에 감수함을 원칙으로 하며, 필요에 따라 시험 직전에 재감수할 수 있다.

제7장 시험 문제 인쇄 및 운송

제28조 (시험 문제 인쇄)

① 시험 문제 인쇄는 한국푸드아트테라피학회 내의 관련 업무 종사자 또는 담당 팀장이 지정한 직원이 수행하여야 하며, 업무의 분량에 따라 인쇄업무 보조 요원을 쓸 수 있다.

② 시험 문제 인쇄는 한국푸드아트테라피학회가 지정한 보안시설을 갖춘 곳에서 소정 절차에 따라 실시하여야 한다.

③ 시험 문제 인쇄 시에는 출입문과 창문을 봉쇄한 후 관계자 외에는 출입을 통제하여야 한다.

제29조 (시험 문제지 운송 및 보관)

① 한국푸드아트테라피학회 검정시행 담당 팀장은 문제지 운반 시 운반 책임자를 지정하여야 한다.

② 한국푸드아트테라피학회에서 해당 시험장까지 문제지 운반 책임자로 지정된 자는 담당 팀장으로부터 문제지를 인수받아 해당 시험장 책임 관리위원에게 직접 인계하여야 하며, 문제지 인계인수 사항을 기록하여 담당 팀장에게 제출하여야 한다.

③ 시행 주관팀에서는 문제지를 인수받은 즉시 시험 문제가 들어 있는 행낭의 봉인 상태 이상 유무를 확인하고 한국푸드아트테라피학회에 즉시 유선으로 이상 유무를 보고하여야 한다.

④ 시행 주관팀은 한국푸드아트테라피학회로부터 시험 문제지를 인수받은 시점부터 시험 문제지 유출 방지 및 훼손 예방 등에 책임을 지고 시험 문제에 대한 보안 및 안전관리에 최선을 다하여야 한다.

⑤ 문제지 봉투는 시험 시작시간 이전에는 여하한 이유로도 개봉할 수 없다.

제8장 검정시행

제30조 (검정시행 총괄) 시험장 책임자는 시험 시행 전에 관리위원회를 개최하여 시험본부를 운영하고, 책임 관리위원은 시험위원을 지휘, 감독하며 시험위원회의, 평가회의 주관 등 시험 집행 및 시험 관리업무를 총괄하여야 한다.

제31조 (시험위원 기술회의) 책임관리위원은 시험 시행 전에 시험위원회의를 개최, 다음 사항을 주지시켜야 한다.

1. 필기시험에 있어서는 문제지와 답안지의 배부 및 회수 방법, 답안지 작성 방법, 부정행위자 처리 요령 등 감독상 유의사항

2. 실기시험에 있어서는 종목별 시행 방법에 따르는 수험자 교육사항 및 감독상 유의사항

제32조 (수험자 교육)

① 감독위원은 배치된 시험실에 입장하여 수험자 유의사항, 시험 시간, 시험 진행요령, 부정 행위에 대한 처벌 및 답안지 작성요령 등을 주지시켜야 한다.

② 감독위원은 수험자에게 지정한 필기구, 시설·장비 또는 지급된 재료(공구) 이외의 사용을 금지시켜야 한다.

제33조 (수험자 확인) 감독위원은 필기시험에 있어서는 매 시험 시간마다, 실기시험에 있어서는 수시로 원서 부본과 주민등록증 또는 기타 신분증과 수험표를 대조하여 수험자의 본인 여부를 확인하여야 한다.

제34조 (시험감독 배치 및 문제지 배부)

① 필기시험 및 실기시험의 감독위원 배치는 별표 2와 같이 배치한다.

② 필기시험 문제지는 시험 시작 5분 전 예령과 동시에 배부하고, 시험 개시 본령과 동시에 수험토록 하며, 답안지 작성이 끝난 수험자의 답안지와 문제지를 회수 확인한 후 퇴실시켜야 한다.

제35조 (답안지) 필기시험 감독위원은 시험 시간이 종료되면 답안지 회수용 봉투 표지에 수험 현황을 기재하고, 감독위원의 성명을 기입, 날인 또는 서명한 다음 감독위원 2인이 시험본부까지 동행하여 본부위원의 확인을 받은 후 수험자 인적사항이 노출되지 않도록 봉인하여 시험본부에 제출하여야 한다.

제36조 (문제지 회수) 본부위원은 필기시험 종료 즉시 감독위원으로부터 문제지와 답안지 및 사무용품 등을 확인·회수하여야 한다.

제37조 (시험 시행 결과보고) 책임관리위원은 시험 종료 후 그 결과를 본부에 보고하여야 한다. 이경우 시험 진행 중 이상이 발생하였을 때에는 그 내용을 구체적으로 유선 보고하고 차후 서면 보고하여야 한다.

제9장 시험위원의 위촉 및 임무

제38조 (시험위원의 위촉)

① 실기시험의 감독위원은 다음 각호의 1에 해당하는 자로 위촉한다.

1. 대학 또는 전문대학에서 해당 전문 분야 전임강사 이상으로 재직하고 있는 자

2. 해당 분야에 10년 이상 실무에 종사한 자로서 해당 분야에 관한 학식과 경험이 풍부하여 자격이 있다고 인증되는 자

3. 관련 전공자로서 해당 분야에 5년 이상 종사하는 자

제39조 (시험위원의 임무)

① 시험위원의 임무는 다음과 같다.

1. "독찰위원"은 독찰을 위하여 특별히 부여된 업무수행과 시험위원의 근무 상태 및 시험장의 상황 등을 확인한다.

2. "책임관리위원"은 시험장 시설·장비의 전반적인 책임을 담당하는 자로서 시험장의 시설·장비 등의 관리와 안전관리 등 전반적인 관리 업무를 담당한다.

3. "시험감독위원"은 수험자 교육, 시설·장비 및 재료 점검과 확인, 시험 문제지, 답안지 및 작품의 배부 및 회수, 시험 질서 유지, 부정행위의 예방과 적발 및 처리, 실기시험의 채점 업무를 담당한다.

4. "복도감독위원"은 시험장 복도 질서 유지, 시험실 내의 수검자를 측면에서 감독하는 업무를 담당한다.

5. "보조위원"은 시험 준비 및 시험 집행을 보조하는 업무를 담당한다.

6. "시설관리위원"은 시험장 시설·장비의 준비, 동력, 통신, 시험장 점검을 담당한다.

7. "실기보조위원"은 실기 시험 감독위원의 감독 및 채점을 보조하는 업무를 담당한다.

② 시험위원으로 위촉된 자에 대하여는 소정의 서약서를 징구하여야 한다.

제40조 (본부위원의 임무 등)

① 본부위원의 임무는 다음과 같다.

1. 한국푸드아트테라피학회로부터 검정시행 시험장까지 시험 문제지 운반

2. 검정 진행 상태 점검

3. 서약서 징구 및 수당 지급

4. 책임 관리위원의 시험위원 회의 지원

5. 시험 문제지 및 답안지 회수 수량 확인

6. 회수한 답안지를 한국푸드아트테라피학회 자격 관리위원회로 운반

제10장 필기시험 채점

제41조 (답안지 인계)

① 본부위원은 필기시험 종료 후 회수한 답안지의 봉인 상태 확인 후 검정시험 본부로 인계하여야 한다.

② 답안지는 감독위원이 봉인한 상태로 인계하여야 한다.

제42조 (정답 교부)

① 검정사업단 검정업무 담당자는 필기시험의 주관식 정답이 표시된 정답표를 작성하여 이를 봉인 후 보안시설이 갖추어진 장소에 보관하여야 한다.

② 정답표는 채점 개시일에 채점위원이 보는 앞에서 개봉한 후 채점위원에게 인계한다.

제43조 (채점 과정)

① 필기시험의 객관식 채점은 전산 채점을 실시하며, 주관식 채점은 답안지의 수험자 인적사항이 봉인된 상태에서 진행하여야 한다.

② 주관식 채점이 종료된 답안지에 한해 득점을 전산 입력하며, 봉인은 이때 해제하여야 한다.

③ 답안지 채점은 종목별 또는 지역별로 분류 채점하여야 한다.

제44조 (답안지 관리) 필기시험의 답안지는 최종 합격자 발표일로부터 6개월간 보관한다.

제11장 실기시험 채점

제45조 (실기시험위원의 위촉 및 채점)

① 실기 채점의 공정성, 효율성 제고 및 종목의 성격을 고려하여 감독 겸 채점위원을 위촉할 수 있다.

② 실기시험의 채점은 관계 전문가를 위촉, 채점함을 원칙으로 한다.

③ 실기시험 작품 또는 평가표에 비번호를 부여하거나, 수험자의 인적사항이 노출되지 않도록 채점함을 원칙으로 한다.

④ 채점 과정에서 기 득점 분이 잔여 배점을 만점으로 가산하여도 60점 미만이거나, 과락이 있을 때에는 나머지 부분을 채점하지 아니하고 불합격으로 처리 할 수 있다.

제46조 (작품관리)

① 채점이 완료된 실기시험 작품으로써 원형 보존이 불가능한 것을 제외한 작품은 합격자 발표일로부터 6개월간 보관한다.

② 검정 종료 후 답안지 및 채점 관련 자료는 일체 공개하지 않음을 원칙으로 한다.

제12장 합격자 공고 및 자격증 교부

제47조 (합격자 공고)

① 한국푸드아트테라피학회는 검정 종료 후 30일 이내에 합격자를 공고하여야 한다.

② 합격자를 공고할 때에는 학회 홈페이지에 이를 게시하여야 한다.

제48조 (자격증 교부) 최종 합격자에게 자격증을 교부한다.

제13장 부정행위자 처리

제49조 (부정행위자의 기준 등)

① 시험에 응시한 자가 그 검정에 관하여 부정행위를 한 때에는 당해 검정을 중지 또는 무효로 하고 3년간 검정을 받을 수 있는 자격이 정지되며, 부정행위를 한 자라 함은 다음 각호의 1에 해당하는 자를 말한다.

1. 시험 중 시험과 관련된 대화를 하는 자

2. 답안지(실기작품을 포함한다. 이하 같다)를 교환하는 자

3. 시험 중에 다른 수험자의 답안지 또는 문제지를 엿보고 자신의 답안지를 작성한 자

4. 다른 수험자 위하여 답안(실기작품의 제작 방법을 포함한다) 등을 알려주거나 엿보게 하는 자

5. 시험 중 시험 문제 내용과 관련된 물건을 휴대하여 사용하거나 이를 주고

받는 자

    6. 시험장 내외의 자로부터 도움을 받아 답안지를 작성한 자

    7. 사전에 시험 문제를 알고 시험을 치른 자

    8. 다른 수험자와 성명 또는 수험번호를 바꾸어 제출한 자

    9. 대리 시험을 치른 자 및 치르게 한 자

    10. 기타 부정 또는 불공정한 방법으로 시험을 치른 자

② 시험감독위원은 부정행위자를 적발한 때에는 즉시 수검 행위를 중지시키고, 그 부정행위자로부터 그 사실을 확인하고 서명 또는 날인된 확인서를 받아야 하며, 그가 확인·날인 등을 거부할 경우에는 감독위원이 확인서를 작성하여 이에 날인 등의 거부 사실을 부기하고 입증 자료를 첨부하여 서명날인한 후 책임관리위원에게 제출하여야 한다.

제50조 (부정행위자 처리)

① 책임관리위원은 시험감독위원으로부터 부정행위자 적발 보고를 받았을 때에는 시험 종료 즉시 관계 증빙 등을 검토하여 부정행위자로 처리하고, 수검자에게 응시 제재 내용 등을 통보하는 한편 그 결과를 검정 종료 후 푸드예술심리상담사자격관리위원회에게 보고하여야 한다.

② 책임관리위원은 부정행위 사실 인증을 판단하기가 극히 곤란한 사항은 관계 증빙서류를 첨부하여 푸드예술심리상담사자격관리위원장에게 보고하여 그 결정에 따라 처리한다.

제51조 (사후 적발 처리)

① 수험자 간에 성명, 수험번호 등을 바꾸어 답안을 표시 제출한 때에는 양 당사자를 모두 부정행위자로 처리한다.

② 타인의 시험을 방해할 목적으로 수험번호 또는 성명 표시란에 타인의 수험번호 또는 성명을 기입하였음이 입증되었을 때에는 행위자만을 부정행위자로 처리한다.

③ 책임관리위원은 부정행위 사실이 사후에 적발되었을 경우에는 적발된 자료를 증거로 하여 부정행위자로 처리하고, 해당 수험자에게 응시 자격 제재 내

용을 통보하여야 한다.

제52조 (시험장 질서 유지 등) 감독위원은 시험장 질서 유지를 위하여 다음 각호의 1에 해당하는 행위를 하는 수험자에 대하여는 시험을 중지시키고 퇴장시킬 수 있다.

1. 시험실을 소란하게 하거나, 타인의 수험 행위를 방해하는 행위
2. 시험실(장) 내의 각종 시설, 장비 등을 파괴, 손괴, 오손하는 행위
3. 검정시설·장비 또는 공구 사용법 미숙으로 기물 손괴 또는 사고 우려가 예상되는 자
4. 기타 시험실의 질서 유지를 위하여 퇴장시킬 필요가 있거나 또는 응시 행위를 중지시킬 필요가 있다고 인증하는 행위

제14장 보칙

제53조 (업무편람 작성, 비치) 검정업무 수행에 따른 세부적인 업무처리기준, 처리 과정, 구비서류, 서식 등을 구분 명시한 민간자격검정 업무편람을 작성·비치하여 활용한다.

부 칙

제1조 (시행일) 이 규정은 제정한 날로부터 시행한다.

제2조 (경과조치) 이 규정의 시행 이전에 시행된 사항에 관하여는 이 규정에 의하여 시행된 것으로 본다.

제2조 2 (자격 갱신에 대한 경과조치) 한국푸드아트테라피학회에서 발급한 다음의 자격증 소지자는 소정의 보수교육을 통해 푸드예술심리상담사 자격증을 갱신할 수 있다.

1. 학회 발급 해당 자격증: 푸드예술치료사 1급, 푸드예술치료사 2급, 푸드예술치료사 3급

2. 자격증 경과조치:

① 부칙 제2조 2(학회 발급 해당 자격증)에 해당하는 자는 3년 이내(2020년)에 다음과 같이 보수교육을 통해 자격증을 갱신하여야 한다.

② 자격증 경과조치 보수교육: 3시간 보수교육을 반드시 참여하여야 한다.

③ 자격증 재발급: 푸드예술치료사 1급 소지자는 푸드예술심리상담사 1급으로, 푸드예술치료사 2급 소지자는 푸드예술심리상담사 2급으로, 푸드예술치료사 3급 소지자는 푸드예술심리상담사 3급으로 재발급한다.

3. 수련 과정생의 수련 시간 인정: 2018년 6월 20일 이전의 본 학회 자격수련 과정의 이수 시간은 푸드예술심리상담사 수련 시간으로 인정한다.

[별표 1-1] 과목별 시험 문항 수 및 시험 시간표(제12조 관련)

1급 시험과목	시험 형태 및 문항 수			시험 시간
	객관식 (5지선다형)	주관식 (서술형)	합 계	
푸드아트테라피 총론 II	20문항	5문항	25문항	10:00 ~ 10:40(40분)
집단상담 II	25문항		25문항	11:00 ~ 11:40(40분)
구술면접	푸드예술심리 관련 작품제작 3건			13:00 ~ 14:00(60분)

[별표 1-2] 과목별 시험 문항 수 및 시험 시간표(제12조 관련)

2급 시험과목	시험 형태 및 문항 수			시험 시간
	객관식 (5지선다형)	주관식 (서술형)	합 계	
푸드아트테라피 총론 I	25문항		25문항	10:00 ~ 10:40(40분)
집단상담 I	25문항		25문항	11:00 ~ 11:40(40분)
구술면접	푸드예술심리 관련 작품제작 1건			11:50 ~ 12:20(30분)

[별표 1-3] 과목별 시험 문항 수 및 시험 시간표(제12조 관련)

3급 시험과목	시험 형태 및 문항 수			시험 시간
	객관식 (5지선다형)	주관식 (서술형)	합 계	
푸드아트테라피 개론	20문항		20문항	10:00 ~ 10:40(40분)

[별표 2] 감독위원 배치기준(제34조 관련)

구분	시험위원	위촉인원	비 고
필기시험	정감독	1명 이상	시험실당
	부감독	1명 이상	시험실당
	관리위원	2명 이상	시험장당
	본부위원	1명 이상	시험장당
	본부보조위원	2명 이상	시험장당
	안내위원	2명 이상	시험장당
	복도감독위원	2명 이상	시험장당

[별표 3] 검정 방법 및 검정 과목(제8조 관련)

등급	검정 방법		검정 과목(분야 또는 영역)
1급	필기	객관식 주관식	푸드아트테라피 총론 II
	필기	객관식	집단상담 II
	기타	구술면접	작품제작 3건
2급	필기	객관식	푸드아트테라피 총론 I
	필기	객관식	집단상담I
	기타	구술면접	작품제작 1건
3급	기타	객관식	푸드아트테라피 개론

PART 2

푸드아트테라피
계획안 작성 및 활동

푸드아트테라피 프로그램 계획안을 2회기 긍정적 자아 찾기, 4회기 나의 비전 찾기, 8회기 나의 꿈 나의 희망을 제시하고 목적, 목표, 추진 개요, 프로그램 계획안, 활동일지, 작품 구성 등으로 기본 폼을 제시하였다.

2회기 푸드아트테라피 프로그램 계획안은 푸드아트테라피 활동일지, 푸드아트테라피 활동사진, 기대 효과를 제시하였고, 4회기 푸드아트테라피 프로그램 계획안은 푸드아트테라피 세부운영계획, 푸드아트테라피 활동일지를 제시하였다.

8회기 푸드아트테라피 프로그램 계획안은 8회기 푸드아트테라피 재료명, 푸드아트테라피 활동일지 및 작품 구성, 푸드아트테라피 프로그램 평가를 제시하고, 또 다른 아동을 대상으로 한 8회기 푸드아트테라피 프로그램을 진행한 후 푸드아트테라피 활동일지, 아동 작품 스토리 및 작품 구성 제시, 활동 후 아동 개별 평가서 중심으로, 푸드아트테라피 프로그램 평가 양식으로 제시하였다.

🔘 목표

① 푸드예술심리상담사로서 자격을 갖추기 위함.
② 푸드예술심리상담사로서 다양하게 활용할 지침이 됨.
③ 푸드예술심리상담사로서 현장에서 활용하기 위함.

④ 푸드예술심리상담사로서 자격증 취득뿐만 아니라 프로그램 현장에서 직접 활용함으로 인해 자긍심 고취.

TIP

학교, 기관, 센터, 시설 등에서 집단 및 개인 프로그램을 활용할 때 특강 또는 다양한 회기를 주제에 맞게 강의안을 작성할 수 있다.
푸드아트테라피 재료 준비 시 집단원 인원수에 따라 수량에 영향을 미친다.

2회기 푸드아트테라피 프로그램 계획안

1. 목적

푸드아트테라피는 식품을 도구로 하여 자신의 내면세계를 감성적으로 표현하여 작품을 제작하고 해체하는 경험을 통하여 문화적인 욕구 충족과 긴장 이완을 가져와 어려움을 가진 개인뿐 아니라 일반인에게도 자아 성장의 효능을 가진다.

더불어 사는 공동체 생활 속의 긍정적인 상호작용으로 타인의 이해와 배려를 통해 조화롭고 긍정적인 삶의 질을 향상 하는 데 그 목적이 있다.

2. 목표

1. 자신의 내면세계를 표현하여 작품을 제작하고 해체하는 경험을 통하여 자아 성장의 효능을 강화하게 도와준다.
2. 가정과 학업에 집중이 되었던 공간에서 벗어나 자유롭게 자신의 감정과 생각을 표현함으로써 자존감을 향상시킬 수 있다.

3. 추진 개요

가. 일 시: 년 월 일 ( ) 시 - 시

나. 장 소:

다. 참여 인원: ○○초등학교

4. 프로그램 계획안 – 긍정적인 자아상 찾기

일자／회기	시간	프로그램
월 일／ 1차시	시 - 시	주제 – 나의 자아상 목표 – 나를 긍정적으로 탐색할 수 있도록 돕는다. 내용 – 집단원 친밀감 형성 활동–나의 장점 말하기. 　　　　진정한 나 찾기를 통한 내면 탐색. 　　　　내안의 힘(자기 탄력성) 찾기.
월 일／ 2차시	시 - 시	주제 – 희망 연못 목표 – 나의 미래에 소망이 이루어질 수 있다는 확신을 심어 　　　　준다. 내용 – 내 안에 잠재된 강점을 찾아가면서 자신감을 갖게 한다. 　　　　나의 희망을 이야기해 보면서 소중한 존재임을 깨닫는 　　　　시간을 갖는다.

🎲 2회기 푸드아트테라피 활동일지

◆ 1차시 활동 지도 및 진행 절차

활동 지도안		
주제	나의 자아상	
목 표	○ 집단 내 라포 형성 – 나를 긍정적으로 탐색할 수 있도록 돕는다. – 긍정적인 자아 형성과 올바른 인성 함양	
단 계	진 행 절 차	준비물
1. 인사 및 프로그램 소개 (10분)	○ 환영 인사 및 진행자 소개 ○ 프로그램 소개하기 ○ 참가자 자기 소개하기	8절지 색지. 검정콩. 구운 감자. 후르트링. 양파링. 마이구미. 새싹 무순. 뻥튀기. 꿈틀이. 미니웨하스
2. 작품 활동 (30분)	○ 자기의 자아상을 표현하게 한다. ○ 세상의 중심이 자신임을 자각하게 한다 ○ 자신의 자아상에 대해 긍정적인 사고를 경험하게 한다. – 돌아가면서 작품에 대해 나누고 피드백을 주고받는다. – 이번 집단을 통해 변하고 싶은 나의 모습으로 재구성해 보 고 이야기를 나눈다.	
3. 소감 나누 기 및 마무리 (10분)	– 감정을 다룰 수 있는 안전한 환경을 마련한다. – 무조건적인 수용과 지지를 하도록 한다. – 자기이해와 자기수용을 할 수 있도록 편안함을 줄 수 있도 록 한다.	
4. 마무리 (10분)	– 작품 촬영과 정리	카메라

◆ 1차시 - 나의 자아상 작품 구성

◆ 2차시 활동 지도 및 진행 절차

활동 지도안		
주제	희망 연못	
목 표	○ 미래 긍정적인 강점 갖기. – 20년 후의 나의 소망이 이루어질 수 있다는 확신을 심어 준다. – 나에 대한 진실한 감정 찾기와 고마운 감정 느끼기. – 작은 것에 대한 감사의 마음을 갖는다.	
단 계	진 행 절 차	준비물
1. 인사 및 프로그램 소개 (10분)	○ 2회기 활동 점검하기 ○ 프로그램 소개하기	이쑤시개. 포스트잇 플라스틱국 그릇 바나나. 향초. 라이터. 볼펜.
2. 작품 활동 (30분)	– 내안에 잠재된 강점을 찾아가면서 자신감을 갖게 한다. – 나의 희망을 이야기해 보면서 소중한 존재임을 깨닫는 시간을 갖는다. – 돌아가면서 작품에 대해 나누고 집단원들의 피드백을 주고 받는다. – 희망 연못에 자신의 소원을 적어 이루어질 것에 대한 믿음과 확신을 갖게 한다.	
3. 소감 나누기 및 마무리 (10분)	– 감정을 다룰 수 있는 안전한 환경을 마련한다. – 무조건적인 수용과 지지를 하도록 한다. – 자기이해와 자기수용을 할 수 있도록 편안함을 줄 수 있도록 한다. 서로 다름을 인정하고 긍정적인 자아상을 갖을 수 있도록 한다.	
4. 마무리 (10분)	– 작품 촬영과 정리	카메라

◆ 2차시 – 희망 연못 작품 구성

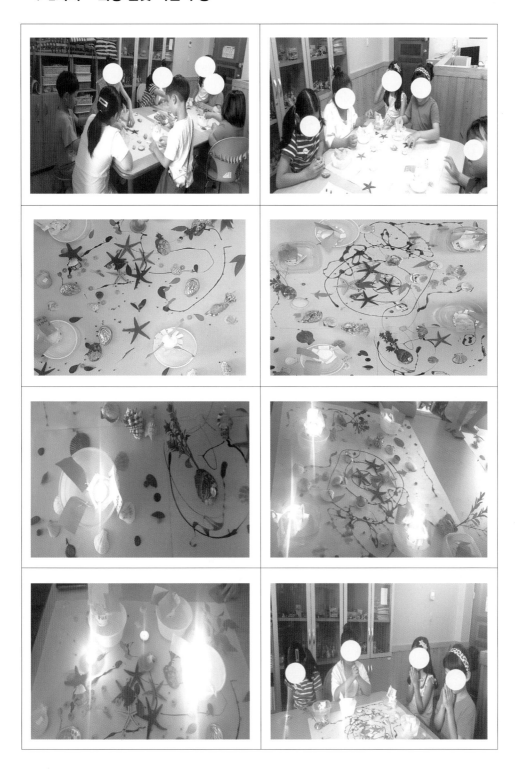

⚙️ 기대 효과

① 푸드아트테라피를 하는 동안 집단의 친밀감과 역동을 통한 상대방의 감정 이해
  와 수용을 통한 긍정적인 감정의 교류 – 다름을 인정.

② 건강한 자아와 자기 존중감 향상.

③ 가정, 학교, 또래 관계 적응에 긍정적인 변화.

④ 심리적, 행동적 안정감 향상으로 선택과 책임감 고취.

⑤ 푸드아트테라피를 통하여 자기 효능감 향상과 긍정적인 인성 함양.

⊛ 4회기 나의 비전 찾기 푸드아트테라피 계획안

1. 목적

푸드아트테라피는 식품을 도구로 하여 자신의 내면세계를 감성적으로 표현하여 작품을 제작하고 해체하는 경험을 통하여 문화적인 욕구 충족과 긴장 이완을 가져와 어려움를 가진 아동뿐 아니라 일반인에게도 자아 성장의 효능감을 가진다.

더불어 사는 공동체 생활 속의 긍정적인 상호작용으로 타인의 이해와 배려를 통해 조화롭고 긍정적인 삶의 질을 향상하는 데 그 목적이 있다.

2. 목표

· 목표 1. 청소년 프로그램 푸드아트테라피를 통한 청소년들의 내면세계를 표현하고 알아차림 할 수 있는 장 마련.
· 하위 목표 1. 자신의 내면세계를 표현하여 작품을 제작하고 해체하는 경험을 통하여 자아성장의 효능감을 강화하게 도와준다.
· 목표 2. 청소년들의 욕구를 발견하고 직접 비전에 대해 생각해 보고 꾸미는 작업을 통해 자유롭게 마음을 표현할 수 있는 자신감 강화.
· 하위 목표 1. 가정과 학업에 집중이 되었던 공간에서 벗어나 자유롭게 자신의 감정과 생각을 표현함으로써 자존감을 향상시킬 수 있다.

3. 추진 개요

가. 일   시: 년   월   일( ) 시 - 시,
나. 장   소:
다. 주   최:
라. 주   관:
마. 참여 대상:
바. 참여 인원:

4. 차시별 프로그램 계획안 – 나의 비전 찾기

차시	주제	목 표	지도 내용	재료
1차시 /	나의 자아상	나를 긍정적으로 탐색할 수 있도록 돕는다.	**오리엔테이션** 집단원 친밀감 형성 활동–나의 장점 말하기. 진정한 나 찾기를 통한 내면 탐색. 내안의 힘(자기 탄력성) 찾기.	8절지 색지, 향초, 꿈틀이, 나뭇잎, 후르트링,양파링, 뻥튀기, 마이구미.
2차시 /	비전 찾기	이이들의 직업 세계 탐색하는 시간을 갖는다.	미래 내가 하고 싶은 비진 찾기. 각자의 생각을 정리하는 시간과 자신의 위치와 상황에 대해 탐색하고 직업 찾아보기.	구운감사, 미쓰꿈틀이, 색초코볼.빼빼로, 미니웨하스, 새우깡.
3차시 /	나의 좌우명	내면 탐색을 통해 확실한 가치관을 확립한다.	일상의 지침으로 삼을 나의 좌우명은 무엇인가? 생각해 보고 표현하기를 통해 스스로 믿는 마음 일깨워준다.	구운감자, 젤리밥, 초코송이, 시럽, 나뭇잎, 비틀즈, 빼빼로, 계란과자.
4차시 /	희망 연못	나의 20년 후의 소망이 이루어질 수 있다는 확신을 심어 준다.	내 안에 잠재된 강점을 찾아가면서 자신감을 갖게 한다. 나의 희망을 이야기해 보면서 소중한 존재임을 깨닫는 시간을 갖는다.	이쑤시개, 향초포스트잇, 플라스틱 국그릇, 참외.

5. 세부 운영 계획

◆ 1차시 - 　월　일　　시 - 　시

활 동 지 도 안		
주제	나의 자아상	
목 표	○ 집단 내 라포 형성 - 나를 긍정적으로 탐색할 수 있도록 돕는다. - 긍정적인 자아 형성과 올바른 인성 함양.	
단 계	**진 행 절 차**	**준비물**
1. 인사 및 프로그램 소개 (10분)	○ 환영 인사 및 진행자 소개 ○ 프로그램 소개하기 ○ 참가자 자기 소개하기	8절지색지, 향초, 나뭇잎, 후르트링, 양파링, 뻥튀기, 마이구미, 새싹, 무순.
2. 작품 활동 (30분)	○ 자기의 자아상을 표현하게 한다. ○ 세상의 중심이 자신임을 자각하게 한다. ○ 자신의 자아상에 대해 긍정적인 사고를 경험하게 한다. - 돌아가면서 작품에 대해 나누고 피드백을 주고받는다. - 이번 집단을 통해 변하고 싶은 나의 모습으로 재구성해 보 　고 이야기를 나눈다.	
3. 소감 나누기 및 마무리 (10분)	- 감정을 다룰 수 있는 안전한 환경을 마련한다. - 무조건적인 수용과 지지를 하도록 한다. - 자기이해와 자기수용을 할 수 있도록 편안함을 줄 수 있도 　록 한다.	
4.마무리 (10분)	- 작품 촬영과 정리	카메라

◆ 2차시 - 월 일 시 - 시

활 동 지 도 안		
주제	비전 찾기	
목 표	○ 몸과 마음에 대한 원시적인 감성 회복과 긍정적인 상호작용. – 아이들의 직업 세계 탐색하는 시간을 갖는다. – 건강한 자아와 자기 존중감 향상.	
단 계	**진 행 절 차**	**준비물**
1. 인사 및 프로그램 소개 (10분)	○1회기 활동 확인하기 ○프로그램 소개하기	구운 감자, 미쯔, 꿈틀이, 색초코볼, 빼빼로, 미니웨하스, 새우깡, 고래밥, 참크래커, 계란과자.

**2. 작품 활동
(30분)**
	○여러 가지 직업에 대해 나누기.
	– 미래 내가 하고 싶은 비전 찾기. 각자의 생각을 정리하는
	  시간과 자신의 위치와 상황에 대해 탐색하고 직업 찾아보
	  기.
	– 돌아가면서 작품에 대해 나누고 피드백을 주고받는다.
	– 이번 집단을 통해 자신의 직업에 대해 확고한 신념을 심
	  어 주고 이야기를 나눈다.	

3. 소감 나누기 및 마무리 (10분)	– 감정을 다룰 수 있는 안전한 환경을 마련한다. – 무조건적인 수용과 지지를 하도록 한다. – 타인의 직업과 감정에 대해 다름을 인정하고 긍정적으로 받아들인다.	
4. 마무리 및 정리(10분)	– 작품 촬영과 정리	카메라

◆ 3차시 - 월 일 시 - 시

활 동 지 도 안	
주제	나의 좌우명
목 표	○ 긍정적인 사고 전환과 마음밭 가꾸기. – 마음결 고르기를 통해 긍정적인 사고로 전환 한다. – 내면 탐색을 통해 확실한 가치관을 확립한다.

단 계	진 행 절 차	준비물
1. 인사 및 프로그램 소개 (10분)	○ 환영 인사 및 전주 활동에 대해 점검. ○ 프로그램 소개하기.	구운감자, 젤리밥, 초코송이, 시럽, 나뭇잎, 비틀즈, 빼빼로, 계란과자, 마이구미.
2. 작품 활동 (30분)	○ 자기의 좌우명을 표현하게 한다. – 일상의 지침으로 삼을 나의 좌우명은 무엇인가? 생각해 보고 표현하기를 통해 스스로 믿는 마음 일깨워준다. – 돌아가면서 작품에 대해 나누고 집단원들의 피드백을 주고받는다. – 이번 집단을 통해 자신의 좌우명을 구체화할 수 있도록 다짐한다.	
3. 소감 나누기 및 마무리 (10분)	– 포용하고 서로를 알아 갈 수 있도록 반응하고, 받아 주고 받쳐 주기를 한다. – 무조건적인 수용과 지지를 하도록 한다. – 긍정적인 피드백을 주어 자존감을 심어 준다.	
4.마무리 (10분)	– 작품 촬영과 정리	카메라

◆ 4차시- 월 일 시 - 시

활 동 지 도 안	
주제	희망 연못
목 표	○ 긍정적인 자아상 갖기. – 나의 20년 후의 소망이 이루어질 수 있다는 확신을 심어 준다. – 나에 대한 진실한 감정 찾기와 고마운 감정 느끼기. – 작은 것에 대한 감사의 마음을 갖는다.

단 계	진 행 절 차	준비물
1. 인사 및 프로그램 소개 (10분)	○ 3회기 활동 점검하기 ○ 프로그램 소개하기	이쑤시개, 포스트잇, 플라스틱 국그릇, 참외, 향초, 볼펜.
2. 작품 활동 (30분)	– 내 안에 잠재된 강점을 찾아가면서 자신감을 갖게 한다. – 나의 희망을 이야기해 보면서 소중한 존재임을 깨닫는 시간을 갖는다. – 돌아가면서 작품에 대해 나누고 집단원들의 피드백을 주고받는다. – 희망 연못에 자신의 소원을 적어 이루어질 것에 대한 믿음과 확신을 갖게 한다.	
3. 소감 나누기 및 마무리 (10분)	– 감정을 다룰 수 있는 안전한 환경을 마련한다. – 무조건적인 수용과 지지를 하도록 한다. – 자기 이해와 자기 수용을 할 수 있도록 편안함을 줄 수 있도록 한다. – 서로 다름을 인정하고 긍정적인 자아상을 가질 수 있도록 한다.	
4. 마무리 및 정리(10분)	– 작품 촬영과 정리	카메라

⊕ 8회기 나의 꿈 나의 희망 푸드아트테라피 계획안

1. 목적

푸드아트는 식품을 도구로 하여 자신의 내면세계를 감성적으로 표현하여 작품을 제작하고 해체하는 경험을 통하여 문화적인 욕구 충족과 긴장 이완을 가져와 어려움를 가진 아동 및 청소년뿐 아니라 일반인에게도 자아 성장의 효능감을 가진다.

2. 기대 효과

작품을 통하여 감정을 분출하는 것만으로는 본질적인 변화가 오기 힘들며 작품을 통해 가시화된 문제점을 새로운 관점에서 재구성하여 인지, 정서, 행동의 변화를 이끌어낼 수 있다.

3. 대상:

4. 일정 및 시간:

5. 프로그램 계획안 - 나의 꿈 나의 희망 찾아가기

차시/월 일	프로그램명	목 표	지도 내용	재료
1차시 /	나의 자아상	나를 긍정적으로 탐색할 수 있도록 돕는다.	오리엔테이션 집단원 친밀감 형성 활동 진정한 나 찾기를 통한 내면 탐색. 내 안의 힘(자기 탄력성) 찾기.	뻥튀기, 색지, 후르트링, 양파링, 무순, 마이구미, 초코송이, 눈을감자, 검정콩, 새싹.
2차시 /	비전 찾기	아이들의 직업 세계 탐색하는 시간을 갖는다.	미래 내가 하고 싶은 비전 찾기. 각자의 생각을 정리하는 시간과 자신의 위치와 상황에 대해 탐색하고 직업 찾아보기.	구운감자, 미쯔, 꿈틀이, 빼빼로, 미니웨하스, 새우깡, 제크, 참크레커, 후르트링, 비틀즈.
3차시 /	내가 만들고 싶은 세상	아이들이 원하고 바라는 세상에 대해 탐색한다.	아이들의 호기심을 자극하는 여러 가지 과자를 통해 내가 꿈꾸는 세상을 표현하게 함으로써 내면 탐색하기.	양파링, 비틀즈, 칸초, 새우깡, 고래밥, 구운감자, 참크레커, 젤리밥, 짱구, 꿈틀이, 꼬깔콘, 제크, 초코송이, 빼빼로, 미니웨하스.
4차시 /	두꺼비집 만들기	집의 소중함과 가족의 사랑을 다시금 일깨운다.	소금 매체를 통해 색지에 각자 보금자리에 대한 따뜻한 느낌을 경험하게 한다. 다양한 재료로 작품 활동을 하는 동안 창의력과 예술적 감수성을 체험한다.	소금, 빼빼로, 비틀즈, 초코송이, 후르트링, 새우깡, 나뭇잎.

5차시 /	어깨동무 – 소꿉놀이	어린 시절 친구와의 행복했던 정서를 들여다본다.	어린 시절 행복했던 순간을 표현 하게 한 후 정서 들여다 보기. 긍정적인 자아상을 갖게 한다.	후르트링, 양파링, 고래밥, 계란과자, 비틀즈, 색과자, 빼빼로, 별과자, 마이구미, 나뭇잎, 꿈틀이, 칸초, 보석.
6차시 /	나의 명함 만들기	내 인생의 주인은 나라는 인식 심어주기.	나는 누구인가를 다시금 탐색하는 시간 갖기. 나의 미래 모습 그려봄으로써 비전 다지기. 자신의 미래의 비전과 꿈에 맞는 특별한 명함 만들어 보기.	미니 웨하스, 눈을감자, 구운감자, 계란과자, 비틀즈, 참크레커, 제크, 미쯔, 미니약과미쯔, 마시멜로.
7차시 /	나의 좌우명	내면 탐색을 통해 확실한 가치관을 확립한다.	일상의 지침으로 삼을 나의 좌우명은 무엇인가? 생각해 보고 표현하기를 통해 스스로 믿는 마음을 일깨워준다.	구운감자, 색초코볼, 초코송이, 후르트링, 미쯔, 빼빼로, 색과자, 나뭇잎, 열매.
8차시 /	희망연 못	나의 20년 후의 소망이 이루어질 수 있다는 확신을 심어 준다.	내안에 잠재된 강점을 찾아가면서 자신감을 갖게 한다. 나의 희망을 이야기해 보면서 소중한 존재임을 깨닫는 시간을 갖는다.	이쑤시개, 색전지, 사각 포스트잇, 플라스틱 국그릇, 참외, 숟가락, 고래밥, 필기도구, 후르트링, 계란과자, 미쯔, 피겨, 꿈틀이, 시럽.

8회기 나의 꿈 나의 희망 푸드아트테라피 재료

차시	프로그램명	재료명
1차시	나의 자아상	뻥튀기, 색지, 후르트링, 양파링, 마이구미, 초코송이, 눈을감자, 검정콩, 새싹, 무순, 빼빼로.
2차시	비전 찾기	구운감자, 꿈틀이, 빼빼로, 미쯔, 미니웨하스, 새우깡, 제크, 참크래커, 후르트링, 비틀즈.
3차시	내가 만들고 싶은 세상	양파링, 비틀즈, 새우깡, 고래밥, 구운감자, 칸초, 참크레카 젤리밥, 제크, 초코송이, 빼빼로, 미니웨하스, 꿈틀이, 짱구, 꼬깔콘.
4차시	두꺼비집 만들기	소금, 비틀즈, 초코송이, 미쯔, 후르트링, 새우깡, 열매, 나뭇잎, 짱구.
5차시	어깨동무 – 소꿉놀이	후르트링, 양파링, 고래밥, 계란과자, 비틀즈, 색과자, 빼빼로, 별과자, 마이구미, 나뭇잎, 꿈틀이, 칸초, 보석.
6차시	나의 명함 만들기	미니웨하스, 눈을감자, 구운감자, 계란과자, 비틀즈, 참크레커, 제크, 미쯔, 미니약과 미쯔, 마시멜로.
7차시	나의 좌우명	구운감자, 색초코볼, 초코송이, 후르트링, 미쯔, 빼빼로, 색과자, 나뭇잎, 열매.
8차시	희망 연못	이쑤시개, 사각 포스트잇, 플라스틱 국그릇, 참외, 숟가락, 고래밥, 필기도구, 후르트링, 계란과자, 미쯔, 피겨, 시럽, 꿈틀이, 색전지.

◈ 1차시 - 활동 일지 및 작품 구성

활동명	나의 자아상	참석 인원		시간	
활동 목표	내가 소중한 존재임을 인식하고 나는 괜찮은 사람임을 알 수 있다.				
재료명	뻥튀기, 색지, 후르트링, 양파링, 마이구미, 초코송이, 눈을감자, 검정콩, 새싹, 무 순, 빼빼로.				

	작품 구성
활동 결과	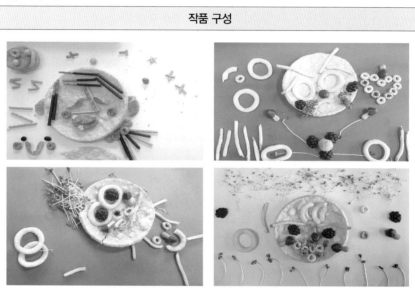 ◈ **활동 내용** · O. T: 친밀감 형성하기. · 여러 가지 재료를 가지고 자신의 자아상을 표현하고 나누는 과정에서 자신이 소중하고 유일한 존재임을 인식하게 했다. · 자신을 표현하는 과정에서 긍정적인 인식과 자신감을 갖게 했다. · 자신을 나타낼 수 있는 이미지를 표현해 봄으로써 구성원 스스로 괜찮은 사람이라는 자기 인식이 필요하며 지지와 격려로서 감정을 살려주어 자존감을 높이는 활동이다. · 작품에 대해 서로 나누고 만들 때의 느낌과 생각을 발표하게 한다. ◈ **활동 후 소감 및 느낀 점** ◈ · 자신을 나타내고 나누는 과정에서 할 수 있다는 지지와 격려. 긍정적인 피드백을 통해 스스로 소중하고 귀한 존재임을 인지하는 과정에서 어색하게 자신을 받아들이는 모습이었다. · 활동하는 내내 매체가 과자임에도 불구하고 시작 시 먹지 않기로 약속했던 부분을 잘 지켜주고 발표도 잘했다.

◆ 2차시 - 활동일지 및 작품 구성

활동명	비전 찾기		참석 인원		시간	
활동 목표	나의 미래를 확고히 하고 구체적인 행동 목표를 설정해 꿈을 현실로 만들 수 있다.					
재료명	구운감자, 꿈틀이, 빼빼로, 미쯔, 미니웨하스, 새우깡, 제크, 참크레커, 후르트링, 비틀즈.					

활 동
결 과
	<table><tr><td colspan="2" align="center">작품 구성</td></tr><tr><td></td><td></td></tr><tr><td></td><td></td></tr></table>◆ 활동 내용
	· 내가 가장 하고 싶고, 잘하고, 평생 하고 싶은 직업에 대해 나누고 미래 나의 직업
	  에 대해 여러 가지 과자를 가지고 표현하게 했다.
	· 나는 이 세상에서 단 하나뿐인 소중한 존재임을 인식하고 비전 찾기를 통해 남과
	  다른 직업을 찾은 나의 모습 속에서 스스로 괜찮은 사람이라는 자기 인식이 필요
	  하다.
	· 지지와 격려로 감정을 살려주어 자존감을 갖게 해주고 직업에 대해 새로운 인지
	  와 각오를 다졌다.
	· 내가 가장 잘하고 재미있는 일을 찾아 할 수 있다는 자신감으로 존재의 의미와 미
	  래 비전에 대해 나누고 다지는 활동이었다.
	
	◆ 활동 후 소감 및 느낀 점 ◆
	· 자유로움 속에서 자신의 비전 찾기를 통해 할 수 있다는 자신감을 보였다.
	· 지지와 격려를 통해 명확하고 구체적인 미래 목표에 대해 다시금 생각하고 자신
	  의 꿈에 대한 적극적이고 의욕적인 활동이었다.

◆ 3차시 - 활동일지 및 작품 구성

활동명	내가 만들고 싶은 세상	참석 인원		시간	
활 동 목 표	새로운 세상에 대한 내면 탐색의 기회를 통해 현실을 볼 수 있다.				
재료명	양파링, 비틀즈, 새우깡, 고래밥, 구운감자, 칸초, 참크레카, 젤리밥, 제크, 초코송이, 빼빼로, 미니웨하스, 꿈틀이, 짱구, 꼬깔콘.				

	작품 구성
활 동 결 과	    ◆ **활동 내용** · 푸드 예술 놀이를 통해 프로그램의 참여 동기를 부여하며 여러 가지 과자를 통해 각자가 생각하는 나의 미래 직업에 맞는 내가 꿈꾸는 세상을 표현하게 했다. · 없는 사람들도 똑같이 잘사는 빈부 격차 없고 차별받지 않는 세상과 범죄 없는 행복한 세상을 표현하였다. · 작품에 대해 서로 나누고 만들 때의 느낌과 생각을 발표하게 한다. ◆ **활동 후 소감 및 느낀 점** ◆ · 내가 꿈꾸는 세상을 만드는 과정에서 다시 한번 자신의 미래의 비전과 꿈을 생각해 보는 시간을 갖고, 나누는 과정에서 행복한 세상에서 사랑받고 싶고 인정받고 싶은 욕구가 엿보였다. · 친구와 함께 즐겁게 지내는 세상을 통해 자유로운 내면의 욕구도 들여다볼 수 있었다.

◆ 4차시 - 활동일지 및 작품 구성

활동명	두꺼비집 만들기	참석 인원		시간	
활 동 목 표	집의 소중함과 가족애를 느낄 수 있다.				
재료명	소금, 비틀즈, 초코송이, 미쯔, 후르트링, 새우깡, 열매, 나뭇잎, 짱구.				

활 동 결 과	**작품 구성**     ◆ **활동 내용** · 소금 매체를 각자 색지에 부어 준 소금을 가지고 만지고, 냄새 맡고, 맛보는 등 오 　감에 대한 느낌 나누기를 통해 짠맛, 단맛, 느낌 싫어요, 부드러워요, 눈 같아요, 　등등 정서 들여다보기. · 다양한 재료로 작품 활동을 하는 동안 창의력과 예술적 감수성을 체험한다. · 각자의 두꺼비집을 만들어 봄으로써 보금자리에 대한 따뜻한 느낌을 경험하게 해 　집의 소중함을 다시금 일깨우며 가족과 함께 행복하게 살고 싶다, 동물을 키우고 　싶은 마음. 친구들과 자유롭게 놀고 싶은 내면 등등을 표현하였다. · 작품에 대해 서로 나누고 만들 때의 느낌과 생각을 발표하게 한다. ◆ **활동 후 소감 및 느낀 점** ◆ · 각자의 보금자리인 집을 만들어 보게 함으로써 현재 가족의 구도와 자신의 위치 　를 알 수 있으며 집의 소중함과 가족의 사랑을 다시금 일깨우는 과정에 사랑의 정 　도를 알 수 있었다. 구성원 각자의 새로운 보금자리에서 부모님과 함께하고픈 마 　음을 통해 사랑받고 싶은 욕구를 보였다.

◈ 5차시 – 활동일지 및 작품 구성

활동명	어깨동무 – 소꿉놀이	참석 인원		시간	
활 동 목 표	나의 과거, 현재, 미래의 상황을 점검하고 긍정적인 삶을 마음의 눈으로 바라볼 수 있다.				
재료명	후르트링, 양파링, 고래밥, 계란과자, 비틀즈, 색과자, 빼빼로, 별과자, 마이구미, 나뭇잎, 꿈틀이, 칸초, 보석.				

<table>
<tr><td rowspan="4">활 동
결 과</td><td colspan="2" align="center">작품 구성</td></tr>
<tr><td></td><td>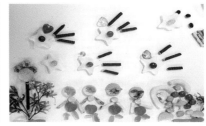</td></tr>
<tr><td></td><td></td></tr>
<tr><td colspan="2">

◈ 활동 내용
· 나의 인생에서 가장 행복했고 잊지 못할 순간을 표현하는 과정에서 긍정성과 행복한 감정 속에 빠져 봄으로써 자신을 느끼고 함께 나누고 함께 가야 할 가족의 의미를 새삼 기억하게 함으로써 내면의 에너지를 느끼는 시간을 가졌다.
· 가정 안에서 원 안에서의 여러 가지 일들을 생각하며 나누는 과정에서 각자의 생각을 재정리하는 시간과 자신의 위치와 상황에 대해 다시금 감사함과 긍정적인 사고들로 재인식하고, 발표하고 나누는 과정에서 존재의 의미와 가족의 사랑을 체험한다.

◈ 활동 후 소감 및 느낀 점 ◈
· 가족, 친구, 타인과의 관계에서 행복했던 내면을 들여다보는 활동을 통해 가장 근본적인 욕구는 사랑받고 인정받고 싶은 욕구임을 알게 되어 그 감정에 대한 선택의 주인은 자신임을 인지하게 하고, 관계 개선에 있어 더욱더 동기 부여가 되어 시너지 효과를 가질 수 있도록 결핍된 내면의 욕구 탐색을 통해 각자에 맞는 지지와 격려를 해주니 밝은 얼굴 표정을 보이며 환하게 미소 지었다.

</td></tr>
</table>

◈ 6차시 - 활동일지 및 작품 구성

활동명	나의 명함 만들기	참석 인원		시간	
활 동 목 표	미래 명함을 만들어 봄으로써 나의 미래를 확고히 하고 구체적인 행동 목표를 설정 할 수 있다.				
재료명	미니웨하스, 눈을감자, 구운감자, 계란과자, 비틀즈, 참크레커, 제크, 미쯔, 미니약 과미쯔, 마시멜로.				

활 동 결 과	**작품 구성**  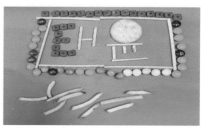 ◈ **활동 내용** · 아이들의 호기심을 자극하는 여러 가지 과자로 각자가 생각하는 나의 미래상 이나, 세상에 하나밖에 없는 나만을 상징하는 특별한 명함을 표현하게 했다. · 여러 가지 직업과 나의 20년 후의 모습을 그려 보고 만드는 과정에서 다시 한번 자 신의 미래의 비전과 꿈을 생각해 보는 시간을 가진다. 교사, 요리사, 건축가 등등 다양한 직업에 걸맞은 명함을 표현해 봄으로 인해 자신의 미래에 대한 확신을 가 진다. · 작품에 대해 서로 나누고 만들 때의 느낌과 생각을 발표하게 한다. ◈ **활동 후 소감 및 느낀 점** ◈ · 미래 자신의 명함을 바라보며 성공한 멋진 모습을 그리며 그 꿈이 꼭 이루어지길 바라는 마음을 가득 담아 할 수 있다는 자신감과 행복해 하는 모습에서 강한 의지 를 엿볼 수 있었다.

◈ 7차시-활동일지 및 작품 구성

활동명	나의 좌우명	참석 인원		시간	
활동 목표	자신이 바라고 원하는 것에 대한 인지와 긍정적인 메시지를 전달하고 자신의 삶을 주도적으로 살아갈 수 있다.				
재료명	구운감자, 색초코볼, 초코송이, 후르트링, 미쯔, 빼빼로, 색과자, 나뭇잎, 열매				

<table>
<tr><th rowspan="3">활동 결과</th><td align="center">작품 구성</td></tr>
<tr><td>

</td></tr>
<tr><td>

◈ **활동 내용**
· 스스로에게 보내는 메시지를 통해 자신감 회복과 새로운 다짐을 한다.
· 자신이 생각하는 인생에서 가장 소중한 것이 무엇인지를 인지하고 다짐하는 과정에서 스스로 좌우명을 구체화시킨다.
· 자신의 좌우명을 정하고 생각하는 기회가 되어 꼭 이것만은 지키겠다는 각오로 자신의 삶을 주도적으로 살아갈 수 있는 동기 부여를 스스로에게 하는 통찰의 시간을 가진다.
· 포기하지 말자, 노력하자, 후회하지 말자, 내 꿈 이루며 잘살자 등등.

◈ **활동 후 소감 및 느낀 점** ◈
자연스럽게 푸드로 좌우명 나타내는 과정에서 행복해 하는 모습을 엿볼 수 있었고 스스로가 계획을 세우고 실천하겠다는 각오가 엿보였다.

</td></tr>
</table>

◆ 8차시 - 활동일지 및 작품 구성

활동명	희망 연못	참석 인원		시간	
활 동 목 표	나의 소망이 이루어 질 수 있다는 확신을 심어 준다.				
재료명	이쑤시개, 사각포스트잇, 플라스틱 국그릇, 참외, 숟가락, 고래밥, 필기도구, 후르트링, 계란과자, 미쯔, 피규어, 꿈틀이, 시럽, 색전지.				

	작품 구성
활 동 결 과	    ◈ 활동 내용 · 자신의 소원과 희망을 포스트잇에 적은 후 이쑤시개를 이용해 먼저 준비해 둔 참외 속살을 숟가락으로 파먹은 후 가장자리에 꼽고 가운데는 향초를 밝혀 준 다음 희망 연못에 띄워 줌으로써 꼭 이루어질 것이라는 희망도 함께 보낸다. · 각자 원하는 희망과 소원을 적어 희망 연못에 띄워 보내는 활동을 통해 미래 꿈과 비전이 이루어지기를 다짐한다. · 작품에 대해 서로 나누고 만들 때의 느낌과 생각을 발표하면서 회기를 마무리했다. ◈ 활동 후 소감 및 느낀 점 ◈ · 개개인의 성향과 다름을 인정하고 긍정적인 시각으로 바라봐 주고 격려와 지지를 해주니 자신감으로 할 수 있다는 의지를 보였다. · 각자에 맞는 깊이 있는 피드백과 내면 탐색에 아쉬움은 있었지만 차분한 분위기로 회기를 잘 마무리했다.

🎯 8차시-푸드아트테라피 프로그램 평가

사전 평가	사후 평가
매주 활동을 자유로운 분위기에서 자신의 내면을 표현하고 느끼는 감정을 발표함으로써 집단의 역동 경험과 내면세계에 대해 상호 교감을 형성하고 구체적인 이미지를 형상화하도록 도우며 과거와 현재, 미래를 모두 탐색하도록 돕는 활동이다. 그런데 이 집단의 특성상 특정인이 반 전체에 미치는 영향이 엄청났으며 그로 인해 나타나는 심리적인 요인은 집단원들의 내면이 어딘지 모르게 정서가 불안하고 자기애가 약하며 눈치를 보거나 감정 조절의 어려움을 보였다. 또한, 안정감이 결여되어 있어 자신의 내면을 드러내는데 어려움, 불안, 부정적인 행동으로 표현하려는 성향도 있었다. 작품을 구성하고 나누는 과정에서 집단원들의 내면 스트레스 정도를 들여다볼 수 있었다.	회기를 거듭할수록 작품 활동에 있어서 집중력이 뛰어나고 표현 또한 다양한 성향이 돋보였으며 내면을 표현하고 발표하는 과정에서 개인 성향이 두드러지게 나타나 각자에 맞는 격려와 지지를 해주니 자신을 잘 드러내며 작품 설명도 자유롭게 잘 표현했다. 또한, 자신의 미래 비전에 대해 강한 애착과 꼭 이룰 수 있다는 집념과 인정받고 사랑받고 싶은 욕구가 강하게 보였다. 마지막 회기를 나누는 과정에서 아이들의 반응이 자신의 꿈이 확고해졌다. 친구들의 마음을 알게 됐다, 가족의 중요성을 알았다, 자기 자신이 소중함을 알았다, 등등 긍정적인 변화를 보였고 규칙을 스스로에게 정하게 하여 그에 맞는 보상과 지지, 격려로 강점을 부각시켜 주고 집단원들 서로가 서로를 격려하고 내면의 힘을 자각하게 하여 잘 할 수 있다는 다짐으로 전 회기를 잘 마무리했다.

⚙️ 아동 개별 8회기 푸드아트테라피 계획안

1. 목적

푸드아트테라피는 식품을 도구로 하여 자신의 내면세계를 감성적으로 표현하여 작품을 제작하고 해체하는 경험을 통하여 문화적인 욕구 충족과 긴장 이완을 가져와 어려움을 가진 개인뿐 아니라 일반인에게도 자아 성장의 효능을 가진다.

2. 기대 효과

작품을 통하여 감정을 분출하는 것만으로는 본질적인 변화가 오기 힘들며 작품을 통해 가시화된 문제점을 새로운 관점에서 재구성하여 인지, 정서, 행동의 변화를 끌어낼 수 있다.

3. 대상:

4. 일정 및 시간:

5. 차시 구성: 총 8차시

6. 프로그램 내용: 희망 찾아가기

차시	프로그램명	목표	내용	재료
1차시	뻥튀기와 나	나를 긍정적으로 탐색할 수 있도록 돕는다.	오리엔테이션 집단원 친밀감 형성 활동 진정한 나 찾기를 통한 내면 탐색. 내안의 힘(자기 탄력성) 찾기.	뻥튀기, 4절지색지, 꿈틀이, 나뭇잎, 후르트링, 검정콩, 양파링.
2차시	비전 찾기	아이들의 직업 세계 탐색하는 시간을 갖는다.	미래 내가 하고 싶은 비전 찾기. 자기의 강점 찾기를 통해 다양한 직업 찾기.	구운감자, 꿈틀이, 색초코볼, 빼빼로. 미니웨하스, 새우깡.
3차시	소금 활동 -두꺼비집 만들기	집의 소중함과 가족의 사랑을 다시금 일깨운다.	소금을 통해 느낌 나누고 두꺼비집을 표현하게 한 후 정서 들여다보기.	가는소금, 센베이 과자, 나뭇잎, 향초, 비틀즈, 초코송이.
4차시	채소활동 -가족 밥상 만들기	가족을 사랑하고 있다는 내면을 탐색한다.	여러 가지 채소를 이용해 가족을 표현해 보고 가족 사랑을 다시금 확인해 보기.	깻잎, 당근, 오이, 부추 약간, 양파, 사각 식빵, 고추(청, 홍), 검정콩
5차시	곡물 활동 -두 얼굴	보여지는 나, 내면의 나를 탐색한다.	여러 가지 곡물을 통해 내면 탐색. 청소년기에 접어들어 자신의 욕구 탐색하기.	색접시, 색지, 현미, 검정콩, 검정쌀, 팥, 꿈틀이, 비틀즈, 뽕뽕이, 양파링.

6차시	내가 만들고 싶은 세상	나의 미래에 대 해 긍정적 인식 심어 주기.	미래 내가 꿈꾸는 세상을 표 현 하기. 내가 꿈꾸는 세상을 통해 자 신의 미래의 비전과 꿈을 생 각해 보는 시간 갖기.	양파링, 포스틱, 구운감자, 고깔콘, 미니웨하스, 색지, 색초코볼, 짱구, 새우깡.
7차시	나의 명함 만들기	내 인생의 주인 은 나라는 확신 갖기.	자신의 미래의 비전과 꿈을 생각해 보고 나의 직업에 맞 는 특별한 명함 만들어 보기. 나는 누구인가를 다시금 탐 색하는 시간 갖기.	구운감자, 양파링, 포스틱, 색초코볼. 꿈틀이, 참크레커, 새우깡, 꼬깔콘, 미니웨하스.
8차시	희망 연못	내면을 탐색하 고 내가 하고 싶 은 직업 을 가질 수 있다는 희망 을 갖게 한다.	희망 연못에 자신의 소망을 적어 배에 띄워 보내는 활동, 매일매일 자신의 꿈을 상기 시키기.	이쑤시개, 사각포 스트잇, 플라스틱 국그릇, 참외, 숟 가락, 필기구.

🎲 아동 개별 8회기 푸드아트테라피 활동일지

차시	날짜	학습주제	차시별 학습 내용	비고
1차	/	뻥튀기와 나	O. T: 나를 소개하기를 통해 라포 형성하기. 구성원 스스로 괜찮은 사람이라는 자기 인식이 필요하며 지지와 격려로서 감정을 살려주어 자존감을 높이는 활동이다. 냄새 맡고 만져 보게 한 후 지금 가장 떠오르는 얼굴을 생각하면서 표현.	
2차	/	비전 찾기	나의 좌우명 및 미래 내가 하고 싶은 비전 찾기. 내가 가장 잘하고 재미있는 일을 찾아 각자의 생각을 재정리하는 시간과 자신의 위치와 상황에 대해 다시금 재정의할 수 있다는 자신감 갖기.	
3차	/	소금 활동 – 두꺼비집 만들기	소금 매체를 통해 만지고, 냄새 맡고, 맛보는 등 오감에 대한 느낌을 나누고 다양한 재료로 작품 활동을 하는 동안 창의력과 예술적 감수성을 체험한다. 각자의 두꺼비집을 만들어 봄으로써 보금자리에 대한 따뜻한 느낌을 경험하게 해 집의 소중함과 가족의 사랑을 다시금 일깨운다.	
4차	/	채소 활동 – 가족 밥상 만들기	여러 가지 채소를 활용해 우리 가족의 밥상을 만들어 볼 수 있는 기회를 통해 가족의 정서적인 공감과 소통의 정도를 알 수 있다. 늘 정성 들여 밥상을 준비해 주신 엄마께 감사하다며 부모님에 대한 감사하는 마음을 다시금 다져 본다.	
5차	/	곡물 활동 – 두 얼굴	여러 가지 곡물을 통해 내가 생각하는 나의 겉마음과 속마음을 표현하게 했다. 자신의 욕구가 충족되지 않는 과정에서 겉으로 나타나는 내 모습과 내면의 내 감정이 다름을 인지하고 친구 관계, 부모와의 관계를 탐색했다.	
6차	/	내가 만들고 싶은 세상	푸드 예술 놀이를 통해 프로그램의 참여 동기를 부여하며 여러 가지 과자를 통해 각자가 생각하는 나의 미래직업에 맞는 내가 꿈꾸는 세상을 표현하게 했다. 내가 꿈꾸는 세상을 만드는 과정에서 다시 한번 자신의 미래의 비전과 꿈을 생각해 보는 시간을 갖고 나누었다.	

7차	/	나의 명함 만들기	아이들의 호기심을 자극하는 여러 가지 과자로 각자가 생각하는 세상에 하나밖에 없는 특별한 명함을 표현하게 했다. 각자의 여러 가지 직업과 나의 20년 후의 모습을 그려보고 만드는 과정에서 다시 한번 자신의 미래의 비전과 꿈을 생각해 보는 시간을 가졌다.	
8차	/	희망 연못	푸드 활동을 통해 내면을 탐색하고 내가 하고 싶은 직업을 찾아보고, 내가 만들고 싶은 세상을 꿈꾸며 이루고 싶은 소원, 희망을 포스트잇에 3~4개 적어 이쑤시개를 이용해 준비한 참외 껍질의 가장자리에 꽂고 참외 가운데는 향초를 밝혀 희망 연못에 띄어 줌으로써 꼭 이루어질 것이라는 희망도 함께 보낸다. 각자의 희망을 기원하며 8회기를 마무리했다.	

◆ A 아동 작품 스토리

1차시		**2차시**	
뻥튀기와 나: 책을 좋아하는 나. 조용히 있고 싶어서…		**비전 찾기: 의상 디자이너** 엄마한테 예쁜 옷을 만들어 드리고 싶어서.	
3차시		**4회기**	
소금 활동: 두꺼비집 만들기(산속의 집) 가족과 함께 여행 갔을 때 행복했다.		**가족 밥상 만들기(엄마, 아빠):** 부모님 결혼기념일 때 맛있는 밥상을 차려 드리고 싶다.	
5차시		**6차시**	
곡물 활동: 두 얼굴 겉 – 웃고 있다. 아무 생각 없이… 속 – 즐겁다. 아무 생각 없이…		**내가 만들고 싶은 세상:** 편히 쉬는 세상. 학원 없고 학교도 없고 취미를 즐기는 세상.	
7차시		**8차시**	
나의 명함 만들기: 의상실 원장, 돈이 많이 없어도 누구나 올 수 있는 의상실.		**희망 연못:** 오래오래 신나게 행복하게 살기.,	

1차시		2차시	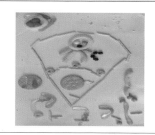
뻥튀기와 나: 야구를 좋아하는 나 주변 사람들은 잘한다는데 나는 못 하는 것 같다.		**비전 찾기:** 야구를 좋아해서 야구장에서 야구와 관련되는 일을 하고 싶다.	
3차시		4회기	
소금 활동: 두꺼비집 만들기 (편안한 집) 형이랑 싸우고 기분 전환하고 싶을 때…		**가족 밥상 만들기(엄마. 아빠):** 부모님이 맛있게 잘 드셨으면 좋겠습니다.	
5차시		6차시	
곡물 활동: 두 얼굴 겉 – 거짓 웃고 있다. 친구들하고 놀 때(두 마음) 기분 안 좋은 티 내면 친구들이 신경 쓸까 봐. 속 – 피곤하다. 놀고 싶은데 학원가야 해서.		**내가 만들고 싶은 세상:** 미세먼지 없고 물 오염 없는 세상. 미세먼지 때문에 밖에서 맘껏 놀 수 없어서…	
7차시		8차시	
나의 명함 만들기: 대통령 내 꿈은 야구선수인데, 어른이 되면 힘이 있는 대통령이 되어서 깨끗한 환경을 만들고 싶다.		**희망 연못: 건강하게 사는 것** 돈 많이 벌어 부자 되는 것.	

◆ C 아동 작품 스토리

1차시		2차시	
뻥튀기와 나: 최신 아이폰을 갖고 싶은 나 게임을 좋아해서…		**비전 찾기:** 프로게이머 게임을 좋아하고 할 때 행복해서	
3차시	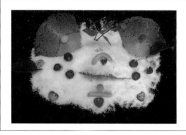	4회기	
소금 활동: 두꺼비집 만들기(비상금 숨겨 놓은집) 비상금으로 취미생활하고 싶을 때, 엄마가 쓸데없는 짓 한다고 하실 때 속상했다.		**가족 밥상 만들기(엄마, 아빠):** 부모님이 맛있게 드셨으면 좋겠다. 사랑하는 마음까지 담아 맛있게 만들었다.	
5차시	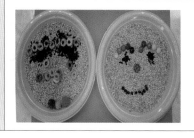	6차시	
곡물 활동: 두 얼굴 겉 – 아주 많이 화남. 놀린 친구 때문. 속 – 아주 조금 화남, 속으로 그 친구를 때려주고 싶다는 상상하니까.		**내가 만들고 싶은 세상:** HAPPY 세상. 아무것도 안 하고 학원 가지 않을 때.	
7차시		8차시	
나의 명함 만들기: 프로게이머 멋진 프로게이머가 되어서 부자 되고 싶다.		**희망 연못:** 좋아하는 일 맘껏 하기.	

◆ D 아동 작품 스토리

1차시		2차시	
뻥튀기와 나: 콘서트장 가고 싶은 나. EXO를 만나기 위해서…		비전 찾기: 가수 EXO를 만나기 위해서…	
3차시		4회기	
소금 활동: 두꺼비집 만들기 (무인도) 핸드폰만 가지고 시험 보기 전날 떠나고 싶다.		가족 밥상 만들기(엄마, 아빠): 내 생일날 맛있는 밥상 차려주셔서 감사했다.	
5차시		6차시	
곡물 활동: 두 얼굴 겉 – 밝다. 슬픈 표를 내면 안 된다. 　　흉볼까 봐. 속 – 기분이 흐리다. 시험 못 봐서…		내가 만들고 싶은 세상: 우주 정복 그냥… 우주가 신비해서 다녀오면 친구들이 멋지게 볼 것 같아서…	
7차시		8차시	
나의 명함 만들기: CM 기획사 EXO를 영입시키기 위해…		희망 연못: 친구들이랑 워터파크 가고 싶다. 신나게 맘껏 놀면 행복할 것 같다.	

1차시		2차시	
뻥튀기와 나: 방탄소년단을 덕질하는 나. 너무 멋있고 좋아해서…		**비전 찾기:** 소아과 의사 아이들을 좋아하고 귀여워서…	
3차시		4회기	
소금 활동: 두꺼비집 만들기(나무가 있는 집) 엄마랑 의견이 안 맞을 때 혼자만의 공간.		**가족 밥상 만들기(엄마, 아빠):** 제가 편식이 심했는데 앞으로 노력해 볼게요. 그동안 감사했습니다.	
5차시		6차시	
곡물 활동: 두 얼굴 겉 – 웃고 있다, 내 감정 속이고. 속 – 짜증난다. 남자 애 때문에…		**내가 만들고 싶은 세상:** 빈부격차 없는 세상 돈으로 모든 걸 맘대로 하고 사는 사람들과 없는 사람들은 불편하게 사니까.	
7차시		8차시	
나의 명함 만들기: 소아과 의사 애들을 좋아해서…		**희망 연못:** 친구들이랑 옷 맞춰 입고 놀러 가기.	

◆ F 아동 작품 스토리

1차시		2차시	

뻥튀기와 나: 급식을 먹고 있는 나.
학교에서 급식을 먹을 때가 가장 행복하다.

비전 찾기: 장애인 상담사
장애인들이 상처받지 않게 하기 위해서···

3차시	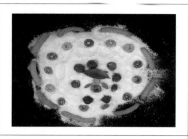	4회기	

소금 활동: 두꺼비집 만들기 (피신처)
학원 가기 싫을 때 혼자 누워 자고 싶다.

가족 밥상 만들기(아빠, 강아지): 아빠 다이어트
를 위해 채소로 챙겨 드리고 싶다.

5차시		6차시	

곡물 활동: 두 얼굴
겉 - 단조롭다. 티 내면 안 좋을 거 같아서.
속 - 난장판, 꼴불견인 친구 욕하는 거.

내가 만들고 싶은 세상: 평화로운 세상.
놀고 싶을 때 놀고, 학원 가기 싫을 때, 안 가
도 되면 좋겠다.

7차시		8차시	

나의 명함 만들기: 장애우 상담실
밝은 상담실을 만들고 싶다.

희망 연못: 친구들이랑 1박 2일 롯데월드, 에
버랜드 가고 싶다.

푸드아트테라피 활동 후 아동 개별 평가서

연번	학생		사전 평가	사후 평가	비고
	학년/반	성명			
1	6-	A 아동	첫인상은 깔끔한 이미지에 조용한 성격으로 책을 좋아하고 디자이너를 꿈꾸며 누구보다 집중력이 강하다. 표현에 강점을 가지고 있으며 내면에 학원에 대한 불만이 내재.	밝고 긍정적이며 활동에 임하는 자세도 좋고 대인관계도 원만하고 표현에 있어서도 강점을 보였다. 식빵 위에 깻잎을 깻잎 위에 다양한 채소를 이용하여 부모님 결혼기념일을 챙겨 드리고 싶다는 내면을 표현.	
2	6-	B 아동	소심하고 자존감이 약하며 친구 관계 어려움이 있으나 야구를 좋아하고 야구와 관련되는 일을 하고 싶어 한다. 활동 중에 개구쟁이 같은 성향이 보임.	활동만큼은 누구보다 적극적이고 표현도 섬세하게 잘 표현하고 동료를 도와주는 배려도 있었다. 새우깡으로 두 어깨를 자유롭게 표현하고, 형이랑 싸우고 나서 쉴 수 있는 두꺼비집을 잘 표현했다.	
3	6-	C 아동	차분하고 조용한 성격으로 게임할 때 가장 행복하다는 C는 빼빼로와 새우깡으로 프로게이머인 꿈을 멋지게 표현. 내면의 인정받고 싶은 욕구가 까칠함으로 보인 반면 욕심도 많고 복잡한 내면이 보였다. 장난이 심하고 조절의 어려움이 보인다.	푸드 활동을 하면서 자신의 꿈인 프로게이머가 되어서 놀리는 친구들, 잔소리하는 엄마에게 인정받고 싶어 했다. 매주 칭찬과 격려를 통해 적극적으로 활동하고 자유롭게 발표도 잘했다. 꾸준한 지지와 격려가 필요하다.	

4	6-	D 아동	긍정적인 성향으로 활동함에 있어서도 큰 어려움은 없으나 온전히 EXO에 관심이 있어 이 가수가 되도 싶은 꿈과 우주를 정복하고 싶은 세상, 하고 싶은 일이 다르게 표현. 성격의 다양성이 보임.	회기를 거듭할수록 적극적인 활동을 통해 표현의 자유로움과 내면을 표현하고 발표하는 과정에서도 사신을 드러내며 작품 설명도 자유롭게 잘 발표했다,	
5	6-	E 아동	조용하고 말수가 적으며 활동에 임하는 자세는 좋은데 미소로 일관하려는 모습을 보였다. 아이들을 좋아하고 어린 시절 주사 맞을 때 아픈 기억으로 인해 아이들에게 친절한 소아과 의사가 되는 게 꿈이라며 환하게 미소 지어 보였다.	빈부격차 없는 평등한 세상을 만들어 나 같이 잘사는 세상을 만들고 싶어 하는 E 아동은 자기 표현의 어려움이 있었으나 지지와 격려를 통해 밝고 긍정적인 성향으로 활동하는 내내 자유롭게 표현하고 발표할 때 자신감도 보였다.	
6	6-	F 아동	밝고 긍정적인 성향으로 욕심도 많고 인정받고 싶은 욕구가 강한 만큼 활동함에 있어서도 늘 적극적이었다. 다이어트 중인 아빠를 위해 식빵 위에 파프리카와 오이를 올려 채소 밥상을 대접하고 싶은 마음을 표현했다.	내면에 에너지가 많고 활동하는 내내 적극적이며 리더로서 역할도 뛰어났다. 평화로운 세상에서 장애인들이 상처받지 않았으면 하는 마음으로 장애우들을 위한 상담사가 되는 게 꿈이라며 따뜻한 상담실을 꾸며 놓았다.	

3.

4차 산업에 맞는
푸드아트테라피: 마음결 고르기

4차 산업혁명의 정의는 다양하다. 2016년 1월 20일 스위스 다보스에서 열린 '세계
경제포럼'에서 처음 언급된 개념이다. 4차 산업혁명이란 유전자, 나노, 컴퓨팅 등 모
든 기술이 융합하여 물리학, 디지털, 생물학 분야가 상호 교류하여 파괴적 혁신을 일
으키는 혁명이라고 정의하고 있다.

푸드아트테라피는 식품과 관련된 매체로 창의적 놀이와 예술활동을 통해 자신의 내
면세계를 표현하고 긍정적인 사고의 전환 및 확장을 하도록 한다. 자아 찾기와 자아
초월에 도움을 주고 삶을 긍정적 방향에 이르도록 하는 치료적인 활동이다. 대인관
계, 우울, 불안, 분노 등의 심리 상담 장면, 진로와 인성, 창의성 향상의 교육 장면 자
활꿈터 아동, 지적장애 청소년의 사회 정서 행동들의 사회복지 장면, 미각 교육, 예술
치료 장면, 언어치료 등에 적용되고 있다.

재료의 친근성으로 관계 형성에 도움을 주고 오감 자극을 통한 촉진적 활동, 창의적
이고 감각적인 놀이 활동, 재료(식품)를 통한 자기 탐색 활동으로 세상을 바라보는 긍
정적인 의식 확장에 도움을 주고 있다.

4차 산업혁명을 현실 세계와 가상 세계의 융합이라고 정의하고 있는 시대에 스마트
공장, 자율주행차, 드론(무인 항공기), 핀테크(금융과 기술의 융합) 등으로 대표되고,
대부분의 4차 산업들은 현실로 가상의 융합을 통한 예측과 맞춤을 본질적인 속성으로
하고 있음을 강조하며, 이러한 맥락에서 4차 산업혁명은 '인간을 중심으로 현실과 가

상이 순환하여 현실을 최적화하는 O2O(Online To Offline) 융합혁명'이라고 한다.

⊛ 인공지능과 푸드아트테라피 적응 방안

인공지능 시대 FAT(푸드아트테라피) 적응 방안은 3D 프린팅 푸드와 미래의 식품으로 창의적이고 감각적인 놀이 활동을 전개하고 빅데이터를 기반한 푸드아트테라피의 체계적인 상담 사례 관리와 푸드아트테라피에서의 VR(가상현실), AR(증강현실), 사물인터넷(IoT)의 적용뿐만 아니라 ART(예술) 활동은 인공지능적 접근의 한계가 있을 수 있음으로, 푸드아트테라피에서도 이 영역에 초점을 둘 필요가 있으며 창의성, 감정, 공감, 철학적 사고 등, 인간의 특장점이라고 말하고 있는 부분들이 과연 로봇이나 인공지능이 어디까지 따라올 수 있을지 의문이다. 그렇기에 인공지능 접근이 힘든 프로그램 개발, 콘텐츠를 기획 및 개발하는 것이 필요하다. 결국, 4차 산업혁명 시대는 데이터와 소프트웨어 파워이기 때문에 상상력만 있으면 무엇이든지 해낼 수 있는 시대이다 .

미래학자 엘빈 토플러는 "21세기 문맹인은 읽고 쓸 줄 모르는 사람이 아니라 새로운 것을 잊고 새로운 것을 배울 수 없는 사람"이라고 했다. 앞으로의 교육은 단순 기술을 가르치기보다는 고도의 문제 해결 능력을 기르는 교육이나 사람의 감정이나 창의성 등 인공지능이 따라 하지 못하는 분야를 필요로 할 것이다. 그중에 대표적인 것이 정신건강 치유 분야이고, 자신의 내면세계를 탐색하여 표현하고 긍정적인 사고 전환으로 나의 마음을 치유하고 따뜻하게 하는 활동인 푸드아트테라피는 인공지능(AI)이 따라가지 못하는 심리치유 상담 분야이다. 푸드아트테라피는 마음을 치유하고 따뜻하게 하는 정신건강 치유에 충실한 현재와 미래의 행복한 삶을 영위하는 분야이며 인공지능(AI)이 따라가지 못하는 분야이기도 하다.

푸드가 가진 친밀성이 만들어 낸 독특성은 푸드아트테라피의 마음결 고르기부터 시작하여 창의성, 감정, 공감, 철학적 사고를 할 수 있게 한다. 이러한 마음결 고르기는 로봇이나 인공지능으로는 대체가 불가능한 부분이다. 그러므로 인공지능 접근이 힘든 프로그램 개발, 콘텐츠를 기획 및 개발하는 것이 필요하다. 그렇기 때문에 나의 마음의 고향과 같은 식품과 요리하는 공간, 부엌 공간, 그리고 놀이의 푸드아트테라피가 더욱 필요하다.

⦿ 마음결 고르기와 콘텐츠 개발

푸드아트테라피 초반에 하는 마음결 고르기는 상담 진행하기까지의 몰입을 돕기도 한다. 마음결 고르기는 커피 가루, 녹차 가루 등을 물에 녹이는 과정을 조용히 바라보며 마음과의 접촉을 하기도 하고, 꽃차를 활용하거나 간단한 명상으로 마음결 고르기를 시도하기도 하며, 마음 카드, 곰돌이 카드 등을 활용할 수도 있다.

꽃차를 활용한 마음결 고르기는 차가 만들어지는 과정을 조용히 마음으로 지켜보는 것, 그 차를 마시며 음미하고 감상하는 과정 모두가 해당된다. 하얀 그릇에 찻물을 담고 말린 꽃 하나를 담그면 차 우림 색이 예쁘게 배어 나온다. 그 광경이 하나의 아름답고 숭고함을 지닌 작품이다. 그것을 지켜보며 마음결 고르기가 가능하다. 차를 마시면서 음미하고 감상하기 위해서는 적절한 농도의 향이 좋은 차를 별도로 만든다. 꽃과 물의 양, 시간 등을 적절히 조절하여 마시면 된다.

한편 커피 가루를 활용한 마음결 고르기는 또 다른 느낌과 다양한 활용 점이 있다.

푸드아트테라피 콘텐츠 개발은 내담자의 동기 유발을 돕고 상담자의 진행을 도와주는 열린 마음의 첫걸음이 될 수 있는 "마음결 고르기"의 맞이하기로 적용하여 보았다. 맞이하기 "마음결 고르기"에서 느끼는 따뜻함이 나를 찾아 들어가게 하는 마음 열기에 필요한 과정이기 때문이다.

마음결 고르기 콘텐츠의 내용은 상담에 들어가기 전 분위기를 조성하고 쉽게 구할 수 있는 재료로 일정한 패턴이나 조형물을 구성하는 것으로 핀셋으로 집중하면서 마음을 차분하게 하는 정중동(靜中動)의 활동을 내용으로 한다(이정연, 2019).

⦿ 재료

오이, 레몬, 당근, 양파, 쌀튀밥, 꽃차, 프링글스 과자, 아몬드, 사과 슬라이스, 후르츠링, 파스타면, 핀셋, 크래커, 원두커피, 소면, 송판, 색전지, 식탁매트, 도마 등.

⚙ 진행 순서

워밍업으로 긴장을 완화하기 위한 바라보기와 호흡에 집중하기, 마음결 고르기를 통한 자신의 마음결을 살펴보기와 작품 제작 후 소감 나누기로 진행한다.

⚙ 방법

식탁 매트 또는 전지, 도마 위에 식품 재료를 올리고 재료의 장점을 살려서 줄을 맞추거나, 핀셋으로 골라서 무늬를 배열해 보거나 또는 과자를 올려서 탑 쌓기를 하는 예술놀이 활동을 반복하면서 마음을 정화하고 존재감을 확인한다.

⚙ 마음결 고르기 워밍업

마음결 고르기의 마음가짐으로 편안한 호흡, 편안한 몸, 편안한 마음으로 긴장을 완화하고 내면에 집중과 몰입을 하여 존재감을 경험하기 위한 차분한 마음 상태의 결을 살펴본다. 마음의 결에 대한 나눔을 하기 전, 푸드 활동 체험 전 준비가 이루어지는 과정이라고 할 수 있다.

목련꽃과 목련나무와 호흡하기	레몬과 가지 말리기
당근 기념탑	양파와 물결
꽃차 사랑	프링글스 과자꽃
원두 결 따라	파스타 탑
과자 생명 나무	레몬과 오이 사랑

◑ 워밍업 – 목련꽃과 목련나무와 호흡하기 ◐

1. 숨 고르기

조용한 장소를 선정한 후 눈을 감고 몸과 마음에 집중한다. 집중한 자리에서 고요함의 상태를 체험하고 잠시 머무름을 본다. 이때 마음의 작용을 관찰하면서 마음과 호흡의 결이 편안해지도록 숨고르기를 한다.

2. 대상과 함께 호흡에 머무르기

편안한 마음으로 주변을 둘러보니 하얀 목련이 눈에 들어온다. 마음이 머물고 싶은 목련나무에 한참을 집중을 하다 보니 떨어진 목련꽃이 하얀 융단처럼 나의 마음안에 살포시 머물고 있다. 목련 꽃잎이 떨어진 풀밭 위에 시선을 두고 잠시 머무르기를 한다.

3. 초감각 집중과 전체 생명체와의 연결로 자신의 존재감 자각

머무름을 하는 가운데 목련 꽃잎의 청아함과 나의 마음이 생명체로 연결되어 있음을 인식하게 되고 자연과 물아일체감을 느껴 본다.

작품 구성

● 당근 기념탑 – 마음결 고르기 ●

1. 당근을 생명체로 받아들인다: 고요함의 상태를 체험하고 잠시 머무른다.
2. 천천히 당근을 썰면서 당근의 결을 느껴 본다.
3. 당근 조각을 핀셋으로 집어서 쟁반에 배열한다.
4. 작품을 전체적으로 바라보고 불필요한부분을 덜어내면서 재구성한다.
5. 초감각 놀이로 핀셋을 사용하여 재료를 옮기면서 호흡과 마음의 균형을 잡는다.
6. 모든 생명체가 서로 연결되어 있음을 인식한다. 생태계의 마지막까지 생명체를 살리는 것
   을 느껴 본다.
7. 자신의 존재감을 자각하면서 당근 기념탑을 세운다.

작품 구성

집중: 당근 결을 따라…

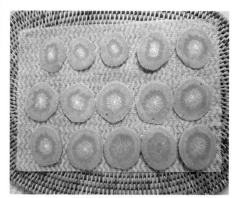

공감: 배열과 받아들임

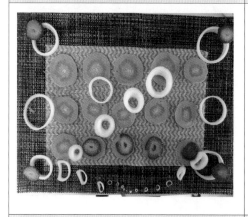

생명체와 연결: 균형과 조화로움

살림: 당근 기념탑

◑ 꽃차 사랑 – 마음결 고르기 ◑

1. 영상 자료를 보고 집중을 한다.

 · 폭포수를 바라보거나 계곡 물소리를 듣는다.

 · 물먹은 자목련꽃을 바라보며 집중을 한다.

2. 마음에 드는 그릇을 정한다.

  물 주전자로 물을 천천히 따르면서 물소리를 듣는다.

  꽃차를 따르며 마음의 작용을 관찰한다.

3. 꽃차를 편안한 위치에 놓고 바라보며 자신의 신체 감각에 집중한다.

4. 노랑 레몬과 자몽을 곁들인 다른 차를 음미하면서 조화로움을 느껴 본다.

5. 자신의 존재감을 자각한다.

작품 구성

물 먹은 자목련: 바라보기

우려낸 꽃차 배치: 신체 안정감

조화로움: 노랑 레몬과 자몽차

자기 존재감 살림: 사랑스런 나!

◐ 원두 결 따라 – 패턴 만들기 ◑

1. 원두알을 대략 100개를 집는다.
   - 원두알의 촉감, 후각 등 오감으로 만나기를 한다.
   - 눈을 감고 몸과 마음에 집중한다.
2. 마음의 작용을 관찰한다.
   - 몸의 중심을 잡고 내면에 집중하여 조심히 마음을 들여다본다.
3. 모든 생명체가 서로 연결되어 있음을 인식한다.
   - 원두알의 결을 살려서 핀셋을 사용하여 패턴 만들기를 해본다.
   - 생태계의 마지막까지 생명체를 살리는 깃을 느껴 본다.
4. 원두알을 통해 자신의 존재감을 마음결로 나타내어 본다.

작품 구성

바라보기: 내면에 집중

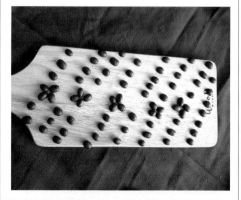

원두알로 찾은 행운 패턴 만들기

비어 있는 마음의 공간과 연결

원두 결 따라 존재감과 생명력 확인

◑ 과자 생명 나무 – 패턴 만들기 ◑

1. 준비한 과자를 집는다.
   - 과자의 촉감, 후각 등 오감으로 만나기를 한다.
   - 눈을 감고 몸과 마음에 집중한다.
2. 마음의 작용을 관찰한다.
   - 몸의 중심을 잡고 과자를 조심히 들여다본다.
3. 모든 생명체가 서로 연결되어 있음을 인식한다.
   - 과자의 결을 살려서 배열을 해본다.
   - 생태계의 마지막까지 생명체를 살리는 것을 느껴 본다.
4. 과자를 통해 자신의 존재감을 마음결로 나타내어 본다.

작품 구성	

바라보기: 내면에 집중	달과 별과 대지의 연결 나무
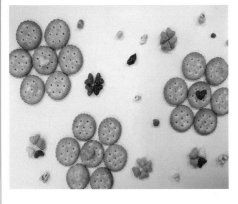	
해바라기꽃 패턴 만들기	자신의 존재감: 과자의 생명력 확인

◑ 레몬과 가지 말리기 - 패턴 만들기 ◑

1. 레몬의 존재를 바라본다.
 · 레몬의 촉감, 후각 등 오감으로 만나기를 한다.
 · 눈을 감고 몸과 마음에 집중한다.
2. 마음의 작용을 관찰한다.
 · 몸의 중심을 잡고 레몬을 천천히 들여다본다.
3. 모든 생명체가 서로 연결되어 있음을 인식한다.
 · 레몬의 결을 살려서 핀셋을 사용하여 패턴 만들기를 해본다.
 · 생태계의 마지막까지 생명체를 살리는 것을 느껴 본다.
4. 레몬을 통해 자신의 존재감을 마음결로 나타내어 본다.

작품 구성	
 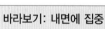바라보기: 내면에 집중	패턴 만들기: 안정감, 차분함
레몬 공간에 색 입히기	자신의 존재감과 생명력 확인

◑ 양파와 물결 - 패턴 만들기 ◑

1. 다육의 중심에 있는 물방울 바라보기로 집중하기
   - 양파를 다듬으면서 양파의 촉감과 결을 바라본다. 눈을 감고 몸과 마음에 집중한다.
2. 마음의 작용을 관찰한다.
   - 몸의 중심을 잡고 양파와 나의 마음을 동일시하여 들여다본다.
3. 모든 생명체가 서로 연결되어 있음을 인식한다.
   - 양파의 결을 살려서 천천히 자른 후 핀셋을 사용하여 패턴 만들기를 해본다.
   - 생태계의 마지막까지 생명체를 살리는 것을 느껴 본다.
4. 양파를 통해 자신의 존재감을 나타내는 마음결을 느껴 본다.

작품 구성

바라보기: 다육 중심의 물방울

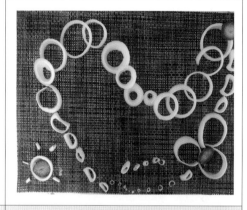

패턴 만들기: 연결

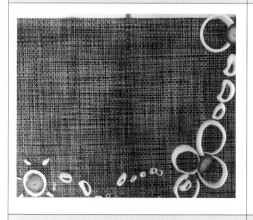

비어 있는 마음의 공간

자신의 존재감과 생명력 확인

◑ 프링글스 과자 꽃 – 마음결 고르기 ◑

1. 꽃 그림이나 화단의 꽃을 바라보며 집중한다.
    - 프링글스 과자의 촉감과 냄새 등 오감으로 만나기를 한다. 눈을 감고 몸과 마음에 집중한다.
2. 마음의 작용을 관찰한다.
    - 몸의 중심을 잡고, 아몬드와 프링글스 과자를 들여다본다.
3. 모든 생명체가 서로 연결되어 있음을 인식한다.
    - 아몬드의 결을 살려서 핀셋을 사용하여 패턴 만들기를 해본다.
    - 생태계의 마지막까지 생명체를 살리는 것을 느껴 본다.
4. 프링글스 과자와 아몬드의 결을 따라 자신의 존재감을 나타내어 본다.

작품 구성	
 바라보기: 내면에 집중	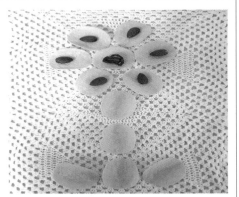 패턴 만들기: 안정감, 차분함
 비어 있는 마음의 공간	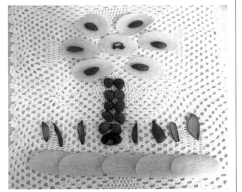 자신의 존재감과 과자 생명력 확인

◗ 파스타 탑 – 배열하기 ◖

1. 파스타 면을 대충 잡아 30개를 집는다.

 · 파스타의 촉감각과 오감으로 만나기를 한다. 눈을 감고 몸과 마음에 집중한다.

2. 마음의 작용을 관찰한다.

 · 몸의 중심을 잡고 파스타 면과 일치된 마음을 들여다본다.

3. 모든 생명체가 서로 연결되어 있음을 인식한다.

 · 파스타 면의 모양과 결을 살리면서 패턴 만들기를 해본다.

 · 생태계의 마지막까지 생명체를 살리는 것을 느껴 본다.

4. 파스타 면과 원두알의 모양을 통해 자신의 존재감을 모양으로 나타내어 본다.

작품 구성	
	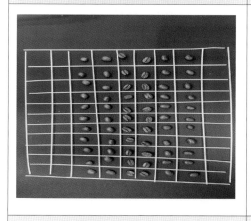
바라보기: 내면에 집중	패턴 만들기: 안정감, 차분함

비어 있는 마음의 공간	자신의 존재감과 생명력 확인: 파스타 탑

◑ 레몬과 오이 사랑 – 패턴 만들기 ◑

1. 오이를 씻는 과정을 천천히 느껴 본다.
   - 오이와 오감으로 만나기를 한다. 수돗물에 씻어지는 오이를 보고 몸과 마음에 집중한다.
2. 마음의 작용을 관찰한다.
   - 몸의 중심을 잡고 오이를 찬찬히 들여다본다.
3. 모든 생명체가 서로 연결되어 있음을 인식한다.
   - 오이의 결을 느끼면서 오이를 자른다. 핀셋을 사용하여 패턴 만들기를 해본다.
   - 생태계의 마지막까지 생명체를 살리는 것을 느껴 본다.
4. 오이를 통해 자신의 존재감을 마음결로 나타내어 본다.

작품 구성

바라보기: 내면에 집중

오이의 결을 따라: 결 느껴보기

패턴 만들기: 비어 있는 마음의 공간

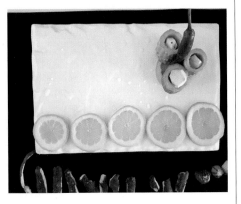

자신의 존재감과 생명력 확인: 레몬과 오이 사랑

부록

FOOD
ART THERAPY

부록 1

푸드아트테라피 마음 여행 카드

마음으로 찾아 들어가는 여행
당신은 오늘 어떤 마음 여행을 하셨나요?

내 안의 여행

나는 누구인가 나는 나인가

내 앞에 서 있는 나
나를 맞이하는 나

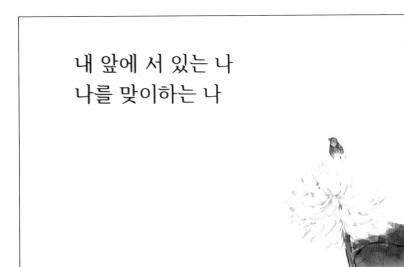

내 앞에 서 있는 나를 맞이하는 나

맑아지는 나
작아지는 나

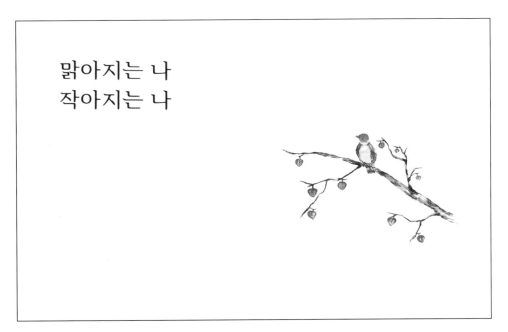

맑아지는 나 작아지는 나

보고 싶은 나
멀어지는 나

보고 싶은 나 멀어지는 나

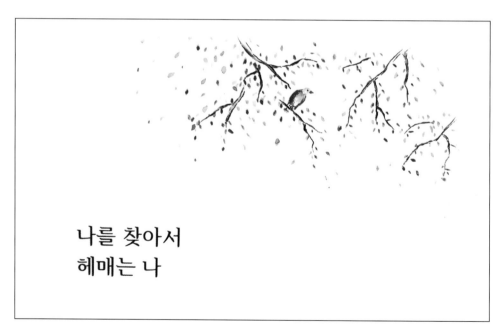

나를 찾아서
헤매는 나

나를 찾아서 헤매는 나

너에게 보여지는 나 나만 모르는 나

내가 아닌 나에 갇혀 나를 부정하는 나

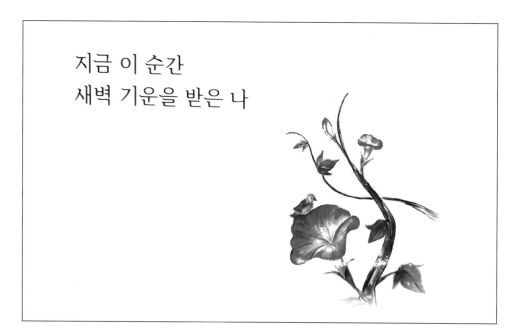

지금 이 순간 새벽기운을 받은 나

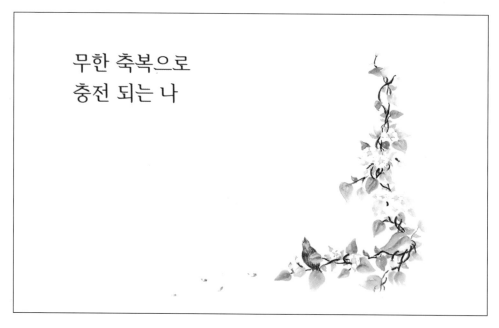

무한 축복으로 충전되는 나

바위틈에서 피어나는 나

세상의 소음을 흘려보내는 나

껍질을 버린 나 알맹이도 버린 나

아무것도 필요 없는 가난한 나

시간의 옷을 벗는 나 영혼의 샘터에서 놀고 있는 나

깊은 연못에서 숨쉬는 나

슬픔에 잠겨 흔들리는 나

나는 듯이 춤추듯이 걷는 나

잡은 순간
놓치는 나

잡는 순간 놓치는 나

손발이 따스해진 나
말을 건네는 나

손발이 따스해진 나 말을 건네는 나

부록 2

푸드아트테라피와
일반 상담을 적용한 상담일지 예시

자유로움을 찾아서…

🔅 푸드아트테라피와 일반 상담을 접목한 상담일지 예시

상담사	○ ○ ○	내담자	김 ○ ○
일 시	년 월 일 (요일) 시간 : 시 - 시		
상담 회기	현재 1회기		
제시된 문제	분노 조절 및 교우관계.		
목 표	자신을 욕구를 잘 파악하여 관계 맺기를 잘할 수 있도록 한다.		
회기 목표	심리검사를 통하여 자신의 정서와 욕구를 알아본다. 심리검사를 통해 내담자의 자존감 정도를 알아보기.		
사례 내용	– 사전 심리검사 실시 – HTP 검사 친구와의 갈등 상황에 있고 모와의 관계에서 심한 분노와 불안이 있었다. 아동의 심리 상태를 알 수 있고 다른 검사보다 간단하다 보니 연령과 상관없이 사용이 가능. 어려운 문제가 무엇인지 개선하는 데 도움을 주고자 실시하였다. 친구 갈등, 스트레스, 분노 불안 정도 파악. 집에 대한 애착을 보이고 창문을 통해 소통의 정도를 알 수 있었고 베란다에서 편히 쉬고 싶다고 표현. 나무 그림을 통해 자존감 정도를 알 수 있었다. 자신을 다른 친구들이 비난할까 봐 나무처럼 튼튼하고 싶다고 표현하였다. 사람 그림은 앉아 있는 사람을 그림. 앉아서 좋았던 점과 싫었던 점을 생각하고 있다고 가족과 함께했을 때, 혼자 외롭게 있을 때를 표현해 내면의 감정을 표현했다.		
상담자 평가 및 내담자 강점	학교생활의 규칙과 소통의 방법을 알려주고 감정 조절할 수 있는 방법과 친구와의 친밀감을 형성하고 긍정적인 관계 맺기를 형성할 수 있도록 도와주고 주어진 일에 잘 해낼 수 있도록 격려.		

상 담 일 지

상담사	○ ○ ○		내담자	김 ○ ○
일 시	년 월 일 (요일) 시간 : 시 ㅡ 시			
상담 회기	현재 2회기			
제시된 문제	분노 조절 및 교우관계.			
목 표	내담자의 내면 탐색.			
회기 목표	내담자와의 라포 형성하기. 가계도 검사를 통해 가족의 구도를 알아보기.			
사례 내용	 가계도를 통해 내담자의 가족 구도를 알 수 있었다. 내담자는 가정에서의 위치가 낮고 존재감이 약하며 어머니에 대한 부정적인 성향이 강한 반면 아버지에 대한 애착 관계 맺기에 대한 소원이 엿보임. 친구에 대한 갈등 상황으로 학교 가기를 꺼리고 내면의 분노와 공격적인 성향 또한 강하게 나타났다. 갈등 상황인 친구에 대한 대처 방법과 내면의 욕구를 탐색하고 적절한 방법에 대해 나누고 내담자의 강점과 할 수 있다는 지지와 격려로 회기를 마무리했다.			
상담자 평가 및 내담자 강점	가족 내에서 자신의 자존감 정도가 약하고 누나에 대한 스트레스가 많으며, 어머니에 대한 부정적인 면도 엿보이며 아버지와의 친밀관계 맺기를 소원하는 내담자의 내면이 강하게 엿보였다.			

상 담 일 지

상담사	○○○	내담자	김 ○○
일 시	년 월 일 (요일) 시간 : 시 - 시		
상담 회기	현재 3회기		
제시된 문제	분노 조절 및 교우관계.		
목 표	분노 조절의 방법과 나를 탐색하기.		
회기 목표	긍정적인 자아상을 갖도록 한다. 감정 표현 및 분노 조절 훈련을 통하여 친구와의 관계를 회복하기.		
사례 내용	친구와의 갈등 상황에 심한 분노와 불안이 있었다. 어려운 문제가 무엇인지 개선하는 데 도움을 주고자 친구에 대한 내면 탐색. 친구 갈등, 스트레스, 분노 불안 정도 파악. 친구에 대한 내면을 표현하고 얼굴에 심한 분노를 보이며 씩씩거렸다. 친구에 대한 느낌과 생각을 적어 보게 했다. 내담자 내면에 친구에 대한 양가감정이 엿보였다. 그 속에서 자신에 대한 심한 불만과 자책을 보이며 이를 부정적인 표현으로 나타냈으며 어려움을 호소했다. 소통의 방법에 대해 나누고 한 계단 한 계단 천천히 실천할 수 있도록 내담자 스스로 강점을 인지하게 하고 스스로 불안과 분노 정도를 파악하게 했다.		
상담자 평가 및 내담자 강점	내담자가 하고자 하는 욕구가 많이 좌절되어 친구와의 갈등 상황에서 의기소침함이 보이고 무기력의 원인인 정서적 분노를 해소하고 나니, 열정을 가지고 잘 할 수 있다는 강점을 부여하고 긍정적인 자기 인식을 할 수 있었음.		

상 담 일 지

상담사	○ ○ ○	내담자	김 ○ ○
일 시	년 월 일 (요일) 시간 : 시 − 시		
상담 회기	현재 4회기		
제시된 문제	분노 조절 및 교우관계.		
목 표	갈등 상황인 친구에 대한 나의 욕구 파악하기.		
회기 목표	갈등 상황의 원인을 파악하고 대처 방법 알아보기. 활동을 통하여 분노 표출을 하여 스트레스 해소하기.		
사례 내용	 친구에 대한 심한 갈등으로 인해 그 친구를 단두대에 묶고 큰 칼로 찔러 죽이는 장면을 그림으로 표현, 상담을 통해 욕구 탐색 후 그것을 다시 푸드 재료를 통해 나타내게 했다. 자유롭고 흥분된 상태에서 테두리 안에 꼭꼭 가둬 놓고 내담자는 친구와 자유롭게 노는 모습을 표현해서 친구와 함께하고픈 욕구를 보임. 그림으로 표현된 종이를 찢게 하는 장면에서 심한 분노를 보이고, 갈기갈기 찢어버리는 정도를 보고 분노의 정도를 알 수 있었다. 찢겨진 종이를 모아 벽에 패대기를 치게 하자 온 힘을 다해 던진 내담자의 얼굴에 열기가 느껴지며 심한 떨림과 시원해 하는 감정을 나타냈다.		
상담자 평가 및 내담자 강점	내면의 에너지도 있고 할 수 있다는 강한 자신감을 보이며 활동 하는 동안 시원하고 환한 얼굴표정에서 카타르시스를 경험하였다. 추후 재구성 통해 테두리를 조금씩 열기 시작함.		

상 담 일 지

상담사	○○○	내담자	김 ○○
일 시	년　월　일(　요일)　시간 : 시 - 시		
상담 회기	현재 5회기		
제시된 문제	내담자 내면에 분노, 스트레스 정도 알아보기.		
목 표	학원에 대한 내면의 스트레스 해소하기.		
회기 목표	내담자 욕구 파악해 대치 방법 나누기. 풍선 터트리기를 통해 내면의 분노 표출하기.		
사례 내용	내담자는 학원에 대한 스트레스가 엄마에 관한 분노로 표출. 지금 상황에서 엄마가 자신의 생각과 욕구를 들어주었으며 하는 바람이 이루어 지지 않자 그에 대한 분노와 감정 조절에 어려움을 호소하였다. 엄마에 대한 감정 표출을 할 수 있도록 방법을 제시하고, 그대로 표현할 수 있는 시간을 통해 내면을 탐색, 분노 표출 방법과 해결 방법에 대해 나누고 스스로 결정하고 해결할 수 있도록 격려를 보냈다. 내담자가 원하고 바라는 것을 오늘 꼭 잘 말씀드려 엄마가 자신이 원하는 바를 들어주었으면 한다고 힘주어 말하는 내면에 자신감을 보였다. 내담자 다음으로 모친과의 상담이 이루어졌다. 모친과의 상담을 통해 내담자의 바람에 귀 기울이지 않음이 내면에 뒤처지지 않겠냐는 불안이 내재. 내담자의 욕구에 무작정 '안 돼'가 아닌 진지하게 들어 주고, 그에 대한 방법을 잘 찾아보고 대처하겠다고 약속.		
상담자 평가 및 내담자 강점	풍선 터트리기를 통해 내담자의 심리를 해소할 수 있는 기회를 통해 내담자의 욕구를 탐색했고, 직접적인 표출을 통해 분노를 해소할 수 있는 기회가되었다. 활동 후 시원함과 가슴이 뻥 뚫렸다고 표현했다. 내담자가 내면의 욕구를 엄마한테 표현할 수 있도록 지지하였고, 할 수 있다는 강점을 인지시켜 잘할 수 있을 거라는 확신을 가질 수 있었다.		

상 담 일 지

상담사	○ ○ ○	내담자	김 ○ ○
일 시	년 월 일 (요일) 시간 : 시 – 시		
상담 회기	현재 6회기		
제시된 문제	학원에 대한 스트레스.		
목 표	푸드아트테라피를 통해 내담자의 현재 스트레스 정도를 알 수 있다.		
회기 목표	학원에 대한 스트레스 상황 파악하고, 표출하는 방법 찾기. 부모와의 갈등 해결 방법 인지하기. 규칙과 약속을 정해 할 수 있다는 강점 부여하기.		
사례 내용			
	작품 구성		작품 구성
	푸드아트테라피를 통해 내담자의 현재 스트레스 정도를 표현하게했다. 현재 짜증나고 피곤하다고 하고 복잡한 내면 감정을 표현했다. 집에 대한 강한 스트레스를 표현하고 자갈과 연못이 고민이고 답답하다고 표현. 학원으로 인해 엄마와의 갈등 상황을 집과 연관.		내담자 욕구를 파악하고 그 욕구가 해결됐을 때 재구성의 기회. 가장 맘에 드는 부분을 집이라고 표현. "따뜻한 집이에요."라고 미소 지어 보였다. 이 집은 연못도 자갈도 없는 그냥 행복한 우리 집이라고 표현.
상담자 평가 및 내담자 강점	확고한 자기 생각과 의지도 가지고 있어 내담자 스스로 부모와의 규칙과 약속을 정해 실천할 수 있으리라는 확신이 엿보임.		

종결 보고서

의뢰 대상자		생년월일	
상담 기간		사례 관리자 (심층사정평가기간)	
총 회기	10회기		
심리검사 여부		실시검사	

주 호소 문제	친구 갈등. 학원 스트레스.
상담 기법	원만한 대인관계를 위한 감정 조절 및 의사소통 기술 학습
상담의 목표 (전반적 상담 과정)	감정 표현, 의사소통 방법을 통해서 가족, 친구와의 갈등 해결 및 자존감 향상.
상담자의 목표	친구와의 갈등 해결과 가족 내에서의 자기 결정권 표출하여 자존감 향상.
내담자의 목표	자신의 감정을 알아차리고 학교와 가정에서 자신의 위치 찾기.

회기/ 날짜	상 담 시 간	상 담 내 용
1회기/	4시 30분 ~ 5시 30분	심리검사: HTP. 주 호소 문제 및 면담.
2회기/	4시 30분 ~ 5시 30분	내담자와의 라포 형성하기. 가계도 검사를 통해 가족의 구도를 알아보기.
3회기/	4시 30분 ~ 5시 30분	감정 표현 및 분노 조절 훈련을 통하여 친구와의 관계를 회복하기.
4회기/	4시 30분 ~ 5시 30분	갈등 상황의 원인을 파악하고 대처 방법 알아보기.
5회기/	4시 30분 ~ 5시 30분	친구들과 잘 지내는 방법 나누기. 내면에 불안 감소시키기.
6회기/	3시 ~ 4시	내담자 욕구 파악해 대처 방법 나누기.
7회기/	3시 ~ 4시 40분	학원에 대한 스트레스 상황 파악하고 자기 결정권 표출하는 방법 찾기.

8회기/	3시 ~ 4시	가족관계 개선을 통한 자기 표현력 증진.
9회기/	4시 ~ 5시	자녀의 욕구를 파악하여 강점을 부여해 주기.
10회기/	3시 ~ 4시	모와의 의사소통, 욕구와 기대 말하기.

상담 결과	자기감정을 알아차리고 그대로 표현할 수 있도록 하고 친구와의 사이에서 무슨 일을 결정할 때 자신의 의견을 먼저 말할 수 있도록 연습함, 가족 안에서 자기 표현을 할 수 있도록 함.	
변화 사항	**상담 전**	**상담 후**
	가족 안에서 자신의 존재를 스스로 미약하게 만듦,	푸드를 통해 자기 표현력 증진과 자기 이해 및 존재감 상승.
차기 상담 시 고려할 점	사춘기의 시작 시점에서 변화가 잦은 시기이므로 내담자에게 계속적인 지지와 격려가 필요하다.	

심리 평가 보고서

학 생 성 명		성별/나이	
평 가 일 자		생 년 월 일	
소 속 학 교		연 락 처	
심리검사명			

검사 사유

친구와의 갈등 상황에 있고 모와의 관계에서 심한 분노와 불안이 있었다
아동의 심리 상태를 알 수 있고 다른 검사보다 간단하다 보니 연령과 상관없이 사용이 가능 (HTP).
어려운 문제가 무엇인지 개선하는 데 도움을 주고자 실시하였다.
친구 갈등, 스트레스 , 분노 불안 정도 파악.

검사 태도

내담자는 또래에 비해 마른 편이며 키도 작았다.
눈 마주침이 거의 없고 선생님의 지시에 따라 심리검사에 임하였으며 망설임 없이 자유롭게 그리기 시작하고 그림에 대한 설명도 서슴없이 잘하였다.

검사 결과

집에 대한 애착을 보이고 창문을 통해 소통의 정도를 알 수 있었고 베란다에서 편히 쉬고 싶다고 표현.
나무 그림을 통해 자존감 정도도 알 수 있었다. 자신을 다른 친구들이 비난할까 봐 나무처럼 튼튼하고 싶다고 표현하였다.
사람 그림은 앉아서 좋았던 점과 싫었던 점을 생각하고 있다고 가족과 함께했을 때, 혼자 외롭게 있을 때를 표현해 내면의 감정을 잘 표현했다.

종 합

학교생활의 규칙과 소통의 방법을 알려주고 감정 조절할 수 있는 방법과 친구와의 친밀감을 형성하고 긍정적인 관계 맺기를 형성할 수 있도록 도와주고 주어진 일에 잘 해낼 수 있도록 격려와 지지를 보냄.

316

참고 문헌

공경희 옮김(2017). 모리와 함께 한 화요일. 살림.

공경희 옮김(2000). 마음을 비우면 세상이 보인다. 달라이 라마지음. The path to Tranquility. 문이당.

기형도(2017). 입속의 검은 잎. 문학과 지성사.

김세정(2006) 동양사상, 환경생태담론의 현주소와 미래, 오늘의 동양사상, 제 14호 예문 동양사상 연구원.

김재옥. 백현옥 (2018). 자살에 노출된 노인의 정서안정을 위한 푸드아트테라피 사례연구. 한국푸드아트테라피 10주년기념 학술대회집, 21-47.

김양희 (2009). 푸드아트테라피 프로그램이 청소년의 학교생활적응 및 자기효능감에 미치는 효과. 목포대학교석사학위논문.

김유숙 외 공역 (2009). 이야기치료: 선호하는 이야기의 사회적 구성. 학지사.

김의철 외 공역 (2003). 자기효능감과 인간행동. 교육과학사.

김정규 등 역(2012). 게슈탈트 상담의 이론과 실제. 학지사.

김정희 외 공역(2017) 심리학개론. 시그마프레스.

김진숙 역(2000). 만다라를 통한 미술치료. 학지사. Fincher, S. F. (1991). Creating Mandala for Insight, Healing. Self-Expression. Shambhala. Publications, Inc.

김혜진 (2009). 푸드아트테라피 프로그램이 청소년의 자기효능감에 미치는 효과. 목포대학교 석사학위논문.

나태주 (2019). 너와 함께라면 인생도 여행이다. 열림원.

노보레 (2010). 음식박물관의 체험 프로그램운영에 관한 연구. 목포대학교 석사학위논문.

동국대학교 불교문화 대학 불교 교재 출판위원회(1997). 불교사상의 이해. 불교시대사.

박성희 (2004). 공감학. 어제와 오늘.

박성희 (2016). 원효의 한마음과 무애상담. 학지사.

박성희 등(2008). 한국 문화와 상담. 학지사.

박이문(1997). 문명의 미래와 생태학적 세계관, 당대.

법정 (2000). 오두막 편지. 이레.

석도열 (2000). 만다라 이야기. 맑은소리.

소광섭(1999). 물리학과 대승기승론, 서울대학교 출판부.

손원영. 백현옥 (2019). 푸드아트테라피 프로그램이 초등돌봄교실 아동들의 정서지능과 또래관계에 미치는 효과. 송원대학교 상담심리학과 대학원 석사학위논문.

신수라 (2007). ADHD아동의 자기표현과 자기효능감에 대한 미술치료 단일사례연구. 동국대학교 대학원 석사학위논문.

양명숙 등 (2013). 상담이론과 실제, 학지사.

이부영(1981). 노자 도덕경을 주심으로 한 C. G.Jung의 道 개념. 소암 이동식 선생 회갑기념 논문집, 道와 인간과학.

이부영(2005). 분석심리학, 일조각.

이성범. 김용정 역(2002). 현대물리학과 동양사상, 범양사. Capra, F.(1983). The Tao of Physics.

이선희 (2018). 부모양육태도와 다문화수용성의 관계에서 대인관계 능력과 이타성의 중다매개효과. 동신대학교 대학원 교육학과.

이안태(2007). Basic 중학생이 알아야할 사회 과학 상식. 신원문화사.

이영돈 (2006). 마음, 예담,

이정연. 이경아. 김경순. (2019). 푸드아트테라피 명상 프로그램의 개발 및 효과성 연구, 한국 푸드아트테라피학회지,8(1),1-16.

이정연 (2018). 푸드아트테라피 워크북. 젊은 느티나무.

이정연 (2018). 마음결고르기2 콘텐츠의 개발. 한국푸드아트테라피 학회 10주년기념 학술대회

이정연 (2017). 해양문화를 배경으로 한 가족문화 콘텐츠 개발 및 기획 -오징어를 중심으로-. 푸드아트테라피, 6(1), 35-43.

이정연 (2016).푸드아트테라피에서의 놀이적 요소. 푸드아트테라피.

이정연 (2015). 푸드아트테라피를 활용한 정서조절 프로그램의 개발, 푸드아트테라피,

이정연 (2014). FAT1급 양성과정 자료집. ㈜ 친친가족문화원.

이정연 (2014). 푸드아트테라피. 신정.

이정연 (2013). 푸드아트테라피에서의 효율적인 상담기술에 관한 탐색적 연구. 푸드아트테라피 제2권 제1호, 5-14.

이정연 (2012). 푸드아트테라피에서의 생명중심사상. 푸드아트테라피, 1.(1), 5-17.

이정연 (2012). FAT심전훈련. 한국푸드아트테라피학회 정기워크샵 자료집.15-30.

이정연 (2006). 푸드아트테라피. 신정.

이형득 (2003). 본성실현상담. 학지사.

장현갑. 장주영. 김대곤 역 (2004). 과학명상법, 학지사,Benson, H., & Proctor, W.(1994). Beyond the Relaxation Response. Crown Publishers.

정문자 (2003). 사티어 경험적 가족치료. 학지사.

정옥분 (2017). 청년심리학. 학지사.

정종진 (2004). 나를 찾아 떠나는 심리여행. 시그마프레스.

정현종 (2008). 섬<시인의 그림이 있는 시선집>문학과 지성사: 방문객.

정현주 외(2006). 음악치료 기법과 모델. 학지사.

정호승 (2017). 내 인생에 힘이 되어준 한마디. 비채.

조주영 (2012). 푸드아트테라피프로그램이 대학생의 긍정심리성향에 미치는 효과. 푸드아트테라피 제1권 제1호, 31-52.

조주영 (2015). 푸드아트테라피. 한국에니어그램교육연구소.

진고응(1996). 도가의 조화관. 96국제 혁술대회 자료집, 동양사상과 사회 발전, 동아일보사. 인민일보사 공동 주관,

최연구 (2017). 4차 산업혁명시대의 미래교육예측과 전망. 미래연구 포커스.

최인철 역 (2006). 생각의 지도. 김영사.

최정윤. 이재갑, 옮김(2004). 불교와 심리치료. 시그마프레스, 가와이하야오 지음 (1996). Buddhism and the Art of Psychotherapy. Texas A & M University Press.

한림학사(2007). 통합논술개념어 사전. 청서출판.

한수연 (2017). 푸드아트테라피 상담사례, 한국푸드아트테라피 학술대회.

한수연 (2016). 해산물을 이용한 ADHD 아동 ㆍ청소년푸드아트테라피 사례연구.

한수연 (2014). ADHD자녀를 둔 가족의 대처과정에 관한 질적연구. 목포대학교 박사학위논문.

한수연 외 (2014). 마음의 감옥에서 벗어나기. 도서출판 마음숲.

한수연 (2013). ADHD자녀를 둔 가족의 통합적 가족상담 사례연구. 한국푸드아트테라피 학회. 제2권, 제 1호. 15~32.

한수연 (2009). 푸드아트테라피 프로그램이 노인의 우울과 자기효능감에 미치는 효과. 목포대학교 석사학위논문.

한재희 (2013). 실존주의 와 상담. 학지사.

현대경제연구원. 경제 주평(2018 다보스 포럼의 주요 내용과 시사점). (2018). 통권.

홍성민 역 (2008). 에모토마사루지음. 물은 답을 알고 있다. 더난출판사.

홍혜영 (1995). 완벽주의의 성향, 자기효능감, 우울과의 관계 연구. 이화여자대학교 석사학위 논문.

황동규 (2016). 사는 기쁨, 문학과 지성사.

Sherer. Maddux, & Jacobs. Rogers etc. (1982).The self-Efficacy Scale; SES and validation. Psychological Reports,51, 663~667.

Winnicott, D.w. (1974). Playing and reality : Harmondsworth. UK: Penguin Books.

http://www.foodartherapy.or.kr/ (2019). 한국푸드아트테라피 학회.

[저자 소개]

백현옥

현) 송원대학교 상담심리학과 교수
전) 한국푸드아트테리피학회 회장
현) 한국푸드아트테리피학회 자격위원장
현) 한국청소년상담학회 인성분과 회장

한수연

현) 광주광역시 서구청소년상담복지센터 소장
현) 송원대학교 상담심리학과 겸임교수
현) 한국푸드아트테리피학회 광주지부장

이선희

현) 사) 청소년가족복지상담협회 교육국장
현) 송원대학교 상담심리학과 겸임교수
전) 광주광역시 서구학교밖청소년지원센터장

마음밭 성장을 위한
푸드아트테라피

2020년	6월	5일	1판	1쇄	인 쇄	
2020년	6월	10일	1판	1쇄	발 행	

지 은 이 : 백현옥 · 한수연 · 이선희
펴 낸 이 : 박정태

펴 낸 곳 : **광 문 각**

10881
경기도 파주시 파주출판문화도시 광인사길 161
광문각 B/D 4층
등   록 : 1991. 5. 31 제12-484호
전 화(代) : 031) 955-8787
팩   스 : 031) 955-3730
E - mail : kwangmk7@hanmail.net
홈페이지 : www.kwangmoonkag.co.kr

ISBN : 978-89-7093-994-0 93180

값 : 28,000원

한국과학기술출판협회회원
KSPA